Oliver Fleischer

Der Oma hätte das gefallen

Oliver Fleischer

„Der Oma hätte das gefallen“

Bewegende und kuriose Erlebnisse eines Sargträgers

Bonifatius

Bibliografische Information der Deutschen Nationalbibliothek:
Die Deutsche Nationalbibliothek verzeichnet diese Publikation in der Deutschen Nationalbibliografie; detaillierte bibliografische Daten sind im Internet über http://dnb.d-nb.de abrufbar.

Klimaneutrale Produktion.
Gedruckt auf umweltfreundlichem, chlorfrei gebleichtem Papier.

Umschlaggestaltung: Weiss Werkstatt München, *werkstattmuenchen.com*
Coverfoto: © Oliver Betke
Umschlagfotos innen: © Stefan Finger/laif
Illustrationsfoto Cover und innen: © Freepik.com/user19622617
Satz: Bonifatius GmbH, Paderborn
Druck und Bindung: CPI books GmbH, Leck
Printed in Germany

ISBN 978-3-98790-038-9

Weitere Informationen zum Verlag:
www.bonifatius-verlag.de

Du kannst dir nicht aussuchen,
wie du stirbst. Oder wann.
Du kannst nur entscheiden, wie du lebst.

Jetzt.

Joan Baez

Inhalt

Einleitung

Mein Name ist Oliver Fleischer, ich bin von Beruf Schauspieler und vielleicht kennt der eine oder die andere mich. Ich durfte in den letzten Jahren, durch die Hilfe meiner großartigen Agentin Wally, recht erfolgreich in verschiedenen Film- und Fernsehformaten mitspielen und auf verschiedenen Bühnen Deutschlands Theater spielen. Viele kennen mich wahrscheinlich am ehesten aus der Sat1-Serie „Danni Lowinski“, in der ich die Rolle des „Nils Polgar“ spielen durfte. Ich laufe also seit fast zwanzig Jahren im Blitzlichtgewitter über den roten Teppich – bei Filmfestivals, Fernseh- und Filmpreisen sowie Premierenfeiern. Aber ich kenne nicht nur den roten Teppich im hellen Scheinwerferglanz; was ich genauso gut kenne, ist der grüne Kunstrollrasenteppich bei Beerdigungen. Nicht, weil die Menschen um mich herum wie die Fliegen sterben, nein, weil ich seit über zehn Jahren als Sargträger arbeite.

Ein Buch zu schreiben hielt ich – und da werden mir meine ehemaligen Deutschlehrer sicher recht geben – eigentlich für völlig abwegig. Mit einer gefühlten Lese-Rechtschreib-Schwäche hielt ich es auch nie für eine gute Idee. Aber es war auch nie eine gute Idee, Schauspieler zu werden, zumindest wenn ich auf alle Bedenken gehört hätte. Ich habe es trotzdem gemacht und bereue es nicht einen Tag, diesen beruflichen Weg eingeschlagen zu haben. Denn als Schauspieler erzähle ich Geschichten und erwecke darin die Figuren mit ihren Charakteren zum Leben. Ich liebe es, ein solcher Geschichtenerzähler zu sein. Und wer schreibt die schönsten Geschichten? Genau: das Leben! Nur gibt es einen großen Unterschied zwischen Schauspielerei und Leben: Die Geschichten, die uns im Leben passieren, sind immer real.

Eine Realität ist, dass der Tod zu unserem Leben gehört. Nicht nur das, auch wenn wir ihn oft aus unserem Leben verdrängen, er beeinflusst es. Manchmal vorhersehbar, manchmal langsam, manchmal ganz plötzlich. Wenn wir Abschied nehmen müssen, von lieben Angehörigen oder anderen geliebten Menschen, wenn wir selbst erkennen müssen, dass wir aufgrund von Krankheit keine 80 oder 90 Jahre erreichen werden, oder wenn uns die Heimtücke eines plötzlichen Todesfalls den Boden unter den Füßen wegzieht.

Ich habe gelernt, dass es gut tut, über den Tod und die letzten Dinge zu sprechen. Was passiert, wenn Menschen diese Welt verlassen und wir von ihnen Abschied nehmen. Natürlich hat es bei vielen im schauspielerischen Umfeld Verwunderung hervorgerufen, als ich erzählt habe, dass ich nebenberuflich als Sargträger auf Friedhöfen tätig bin. Und noch heute ist der erstaunte Blick mancher Schauspielkolleginnen und -kollegen unbezahlbar, wenn sie mich beispielsweise bei einem Nachtdreh fragen, was ich tagsüber gemacht habe, und ich ihnen antworte, dass ich schon drei Beerdigungen beigewohnt habe.

So erzählte ich auch bei Dreharbeiten in Bratislava meinem Freund und Kollegen Moritz bei einem Getränk von einigen Beerdigungsanekdoten, die ich in der Zwischenzeit erlebt hatte. Er hatte Tränen in den Augen, sowohl vor Lachen als auch vor Rührung. Wir verbrachten einen wunderbaren Abend, voll mit lustiger Unterhaltung, aber auch ernsthaft Nachdenklichem über den Tod und die Vergänglichkeit des Lebens. Ein paar Tage später rief er mich in Deutschland an und sagte mir, dass er einem befreundeten Journalisten von unserem Gespräch erzählt habe und dieser mich gerne interviewen würde. Durch dieses Interview wurde der Verlag auf mich aufmerksam und gab mir die Möglichkeit, ein Buch zu schreiben und noch mehr von dem zu erzählen, was ich an den Gräbern und auf den Friedhöfen erlebe.

Als Sargträger läuft die Arbeit eigentlich immer nach dem gleichen Schema ab: Wir holen den Sarg oder die Urne aus der Trauerhalle oder der Kapelle, bringen sie mit dem Trauerzug zum Grab und setzen sie bei. Zu 95 Prozent ist das Routine, da passiert nichts Besonderes. Die restlichen 5 Prozent sind die Begebenheiten, die es manchmal besonders bewegend oder besonders kurios machen.

Aber egal, ob etwas Besonderes passiert oder nicht, das Wichtigste ist, dass unsere Arbeit ein Dienst am Menschen ist. Für die Toten wie die Lebenden. Und dafür sind die Hinterbliebenen meist sehr dankbar.

Als Sargträger steht man nicht im Mittelpunkt, nicht im Scheinwerferlicht. Die wenigsten werden sich an die Gesichter von uns Sargträgern erinnern, wenn ein Angehöriger oder Freund zu Grabe getragen wird. Wir sind stille Begleiter. Und ja, ich gebe zu, auch stille Beobachter. Deshalb habe ich die Chance ergriffen, dieses Buch zu schreiben und euch daran teilhaben zu lassen. Denn durch meine langjährige Tätigkeit auf weit über 60 Friedhöfen, bei den unterschiedlichsten Religionsgemeinschaften und Kulturen, habe ich gemerkt, dass Sargtragen weit mehr ist als eine Dienstleistung. Und ich hoffe, dass die Geschichten und Erlebnisse in diesem Buch zu euch sprechen werden, wo doch am Grab oft geschwiegen wird.

Was ich dort an den Gräbern und auf den Friedhöfen erlebe, sind für mich Lebensweisheiten, die mir im Angesicht des Todes etwas über das Leben verraten. Und sie verändern meinen Blick auf das Leben wie auf den Tod. Ich habe Tränen gelacht und geweint. Und ich habe gespürt, dass Gott ganz nah ist und doch manchmal so fern scheint. Aber oft habe ich erkannt: Das Leben geht weiter, auch wenn man meint, es gäbe keine Hoffnung mehr. Viele der Einsichten waren für mich Hilfen, Dinge im Leben besser einordnen zu können.

Alle, die wissen möchten, warum ich hier und da gelacht und geweint habe, welche Fallstricke bei Urnen- und Sargbestattungen lauern können und wie ich aus dem Grab wieder herausfand, in das ich einmal hineingefallen bin, wünsche ich viel Freude und gute Gedanken beim Lesen dieses Buches – über das Leben wie über den Tod. Vielleicht hilft es auch, auf „den letzten Gang" eines geliebten Menschen – auch wenn er von uns Sargträgern gerollt bzw. getragen wird – ein wenig besser vorbereitet zu sein und spendet ein wenig Hoffnung und Trost.

Viel Spaß beim Leben!
Oliver Fleischer

PS: Wer wissen möchte, wie die Arbeit eines Sargträgers aussieht – wie und was er zu tun hat –, erfährt auf den letzten Seiten des Buches mehr darüber. Dort findet sich eine Art „Knigge für Sargträger", den ich in meiner Zeit als eine Art Vorarbeiter für circa 50 Sargträger, in Absprache mit meinem damaligen Arbeitgeber und unter Berücksichtigung der Wünsche der örtlichen Bestatter, geschrieben habe.

1.
Meine erste Beerdigung

Angefangen hat alles vor circa zehn Jahren durch eine Zeitungsannonce und die Nachfrage meiner damaligen Schwiegermutter Vroni. In Haan, östlich von Düsseldorf, wurden Sargträger gesucht und sie fragte mich einfach, ob ich nicht Zeit und Lust hätte, dort auszuhelfen. Warum nicht?, dachte ich. Durch meinen Beruf als freischaffender Schauspieler habe ich schließlich genug Freiräume, die es mir ermöglichen, hier und da mal einzuspringen oder was Neues auszuprobieren. Zugegeben, auch ein wenig von Neugier getrieben meldete ich mich beim örtlichen Friedhofsgärtner.

Zu diesem Zeitpunkt kümmerten sich in Haan und Erkrath, zwei Städten des Kreises Mettmann, zwei Friedhofsgärtner neben der Aufsicht und Pflege der Friedhöfe auch um die Bereitstellung der Sargträger. Und so wurde mir bereits am Telefon klar: Auch hier herrscht gravierender Fachkräftemangel. Nicht nur Sargträger wurden und werden weiterhin gesucht, sondern auch Verantwortliche in Bestattungsdienstleistungen und auf kommunaler Ebene.

In dem sehr netten Gespräch mit einem der beiden Friedhofsgärtner informierte mich dieser, wie händeringend nach Nachwuchs im Bereich der Sargträger in der Umgebung gesucht werde. Die Wegbegleitung zur letzten Ruhestätte sei früher für viele ein Ehrenamt gewesen, im wahrsten Sinne des Wortes. Meist war diese ehrenvolle Aufgabe, die Einfühlsamkeit und würdevolles Auftreten voraussetzt, von Rentnern gegen ein kleines Handgeld übernommen worden. Doch die seien kaum mehr zu finden, sagte der Friedhofsgärtner.

Wir unterhielten uns eine Weile und am Ende stellte er mir die alles entscheidende Frage, ob ich denn im Besitz eines schwarzen Anzugs, eines weißen Hemdes, einer schwarzen Krawatte und schwarzer Schuhe sei. Als ich ihm die Frage mit Ja beantwortete, hatte ich mein Vorstellungsgespräch bestanden. Und sofort bekam ich meinen ersten Einsatz, es sollte gleich morgen losgehen.

Am nächsten Tag fuhr ich also in Schwarz gekleidet und mit etwas mulmigem Gefühl zum Friedhof. Ich war tatsächlich aufgeregt und versuchte, mir mein Lampenfieber nicht anmerken zu lassen. Mit Lampenfieber umzugehen, daran gewöhnt man sich ja als Schauspieler. Auf der Bühne zu stehen, ist kein Problem für mich. Das kenne ich schließlich. Doch hier war alles neu für mich. Der Gedanke, einen Sarg zu tragen beziehungsweise den darin liegenden Menschen zu beerdigen, machte mich etwas nervös. Und ganz ehrlich, so eine Beerdigung lässt sich ja auch nicht proben. Man kann schlecht hingehen und die Angehörigen fragen, ob man den Sarg nicht zwei-, dreimal absenken könne, ehe es zum eigentlichen Begräbnis kommt. Oder einen Bestatter bitten, ob er nicht zufällig einen Auszubildenden dafür abstellen könne, sich für eine Probe-Beerdigung zur Verfügung zu stellen. Wer begibt sich schon freiwillig bei lebendigem Leib in einen Sarg oder ein Grab?

Der Unterschied war offensichtlich: Auf der Bühne und dem roten Teppich, da bin ich zu Hause. Da fühle ich mich wohl und kann mit der Situation umgehen. Im besten Fall hat man das Theaterstück und die Rolle gut vorbereitet und gemeinsam mit den anderen Schauspielern geprobt. Aber als ich daran dachte, gleich zwischen einem Erdhaufen und grünem Kunstrasen vor einem mehrere Meter tiefen Abgrund zu stehen, mit einem Seil in der Hand und alle Blicke auf mich gerichtet, fühlte ich mich etwas unwohl.

War ich bereit für die bevorstehende Beisetzung? *Nein, irgendwie nicht.* Wusste ich, was auf mich zukommt? *Ich ahnte es.* Fühlte ich mich gut vorbereitet? *Welche Vorbereitung?* Und auf einmal kam mir noch eine andere Frage in den Sinn, und ich ärgerte mich über mich selbst, dass ich sie nicht schon beim Vorstellungsgespräch gestellt hatte: *Sehe ich den Toten?*

Ich hatte bis zu diesem Zeitpunkt erst ein einziges Mal einen Toten aufgebahrt gesehen, nämlich meinen Opa in der Trauerhalle in Bottrop. Und damals ließ mich der Anblick fluchtartig die Trauerhalle verlassen.

Was ich zu diesem Zeitpunkt noch nicht wusste, war, dass man bei Beerdigungen nur in den seltensten Fällen einen Verstorbenen sieht. Die Mehrheit der Hinterbliebenen entscheidet sich für eine Aufbahrung des geschlossenen Sargs. Man blickt in der Trauerhalle dann nur auf den Sarg oder die Urne. Die Tradition des offenen Aufbahrens, bei der zum Abschiednehmen der Verstorbene ein letztes Mal im Sarg zu sehen ist, wird hierzulande nur noch selten gepflegt; häufig kommt sie noch bei griechisch-orthodoxen Beerdigungen vor.

Doch trotz aller Zweifel und Befürchtungen überwogen meine natürliche Neugier, meine Zusage und die Gedanken daran, dass der Verstorbene an diesem Tag beerdigt werden musste und ich gebraucht wurde.

Mit einem mulmigen Gefühl kam ich schließlich auf dem Friedhof an und wurde dort gleich von zwei älteren Kollegen in Empfang genommen. Bitte nicht wundern, dass ich immer wieder von „älteren Kollegen“ schreibe, aber der Altersdurchschnitt in der Branche der Sargträger ist ziemlich hoch und so sind meist ältere Kollegen an meiner Seite.

Sie erklärten mir, wie das Ganze gleich vonstattengehen sollte, wie ich mich zu verhalten habe und wie eine Beerdigung für einen Sargträger abläuft. Natürlich wird man anfangs noch ein wenig von den erfahrenen Trägern beäugt, aber ich wurde als „Greenhorn" sehr nett aufgenommen. Mir wurde gesagt, dass ich den Sarg an den Griffen in der Mitte tragen soll, da man als Neuling auf dieser Position am wenigsten falsch machen könne. Ich solle mir auch überhaupt keine Sorgen machen, sagten die neuen Kollegen, und einfach genau das Gleiche machen, was mein Gegenüber mache. Und weiter erklärten sie, dass ich, sobald der Sarg am Grab angehoben ist, mit der rechten Hand am Balken ziehen, dann schnell nach dem Seil greifen und zusammen mit den anderen den Sarg mit ins Grab führen soll.

Nach dieser kurzen Einweisung warteten wir Sargträger gemeinsam vor der Trauerhalle. Da stellte ich nun endlich die Frage, die mir schon die ganze Zeit unter den Nägeln brannte: Inwieweit haben wir Kontakt zu dem Verstorbenen, sehen wir den Toten? Mit einem milden Lächeln verneinten die Kollegen meine Frage und erklärten mir, dass nur noch in den wenigsten Fällen eine Verabschiedung des Verstorbenen am offenen Sarg stattfinden würde. Das Einzige, was man von dem verstorbenen Menschen zu sehen bekomme, sei meist ein Foto, das als großes Bild auf dem Sarg oder einer Staffelei stehe.

Anschließend unterhielten wir uns noch ein wenig darüber, wer man ist und was man sonst beruflich so macht. Meine neuen Kollegen waren sehr erstaunt, als ich ihnen erzählte, dass ich als Schauspieler den Dienst des Sargträgers antreten wollte. So kam gleich die Frage auf, ob ich das denn vorbereitend für eine Rolle mache. Und falls nicht, sollte ich wissen, dass man auf jeden Fall die ein oder andere filmreife Situation erlebe und manches passiere, das nur das Leben schreiben kann. Ich bin ehrlich, damals dachte ich, das sind die typischen Übertreibungen älterer Herren, um sich ein wenig wichtig zu machen, aber sie sollten recht behalten.

Wir standen noch eine Weile zusammen, unterhielten uns und die Zeit verging wie im Fluge. Der Gedanke an die bevorstehende Beerdigung war erst einmal weit weg und auch meine anfängliche Nervosität legte sich. Ich glaube, mich zum Plaudern zu bringen, war ein gekonnter Trick der alten Hasen, um mir die Nervosität zu nehmen, was auch gut funktionierte.

Als dann nach einem kurzen Blick auf die Uhr die Ansage eines Trägers kam, dass es bald losgehen würde, machten wir uns zurecht und brachten uns in Position. Ein letztes Mal wurde der Sitz des Anzugkragens und des Hemdes kontrolliert, die weißen Handschuhe wurden angezogen und langsam kehrte nun meine Nervosität zurück. Jetzt sollte es losgehen, meine erste Beerdigung als Sargträger.

Fertig gekleidet warteten wir gemeinsam in Position und ich bekam mit, wie die Blicke der anderen Träger zu einer Lampe in der Trauerhalle wanderten. Einer von ihnen erklärte mir im Flüsterton, sobald diese leuchte, sei das unser Zeichen, die Trauerhalle zu betreten. Dieses Signal für die Sargträger ist von Friedhof zu Friedhof verschieden. Manchmal gibt der Bestatter ein Zeichen, andernorts ist ein Träger-Kollege mit in der Halle oder es leuchtet – wie in diesem Fall – ein optisches Signal auf.

Während wir mit Blick auf diese Ampel weiter warteten, dachte ich kurz an meine Einweisung zurück: *Mach das, was dein Gegenüber macht, mit der rechten Hand den Balken ziehen, Seil nehmen, ins Grab lassen …* so sollte das Ganze funktionieren. Dass es klappen würde, hoffte ich inständig, denn ich wollte bei meiner ersten Beerdigung auf keinen Fall etwas falsch machen. Und während ich noch in diesen Gedanken versunken war, sprang plötzlich das Licht der Lampe an und es ging los.

Wir betraten den Raum durch die Seitentüren der Trauerhalle, gingen ruhigen Schrittes rechts und links am Sarg vorbei, ich blieb in der Mitte des Sarges stehen und wir verbeugten uns. Dann hob ich zum ersten Mal in meinem Leben einen Sarg an.

Ich war gespannt, welches Gewicht mich erwartete. Wir Träger sind manchmal sehr überrascht über das Gewicht eines Sarges, weil nicht nur das Gewicht des Leichnams eine Rolle spielt, sondern eben auch das des Sarges. Es gibt Beerdigungen, da sieht man das Foto einer zierlichen älteren Dame und wundert sich, wie schwer der gesamte Sarg ist. Je nach Sargmodell kann das Gewicht nämlich variieren und zwischen 35 und 100 Kilogramm liegen, wobei eine Sonderausstattung diese Werte noch übersteigt. Es gibt tatsächlich Beerdigungen, da werden wir vom Bestatter vorgewarnt und auf das größere Gewicht hingewiesen. Dass so mancher Kollege angesichts eines schwergewichtigen Sarges schon geäußert hat, dass manchmal eine Urnenbestattung eine gute Alternative sei, soll keineswegs pietätlos sein – vor allem nicht, wenn man mitbekommt, wie 70-Jährige statt Serien-Kiefer einen massiven Eichensarg mit Vollausstattung tragen, mal ganz abgesehen vom Gewicht des Leichnams.

Aber im Fall meiner ersten Beerdigung gab es keine böse Überraschung. Wir konnten den Sarg mit ein wenig gemeinsamer Kraftanstrengung problemlos aus der Trauerhalle auf den Katafalkwagen tragen. Meine erste Hürde war genommen. Nun ging es im Trauerzug zum Grab.

Ich erinnere mich noch, dass ich auf dem Weg dorthin Probleme hatte, dem Kollegen vor mir nicht von hinten in die Hacken zu treten. Wir waren, besser gesagt ich war noch nicht im Gleichschritt mit den anderen Trägern. Das gemeinsame stolperfreie Laufen, so dicht beieinander, war für mich eine Herausforderung. Zweimal musste ich mich bei ihm leise entschuldigen, weil ich ihn unterwegs leicht ins Straucheln gebracht hatte.

Am Grab hielten wir mit dem Katafalkwagen, hoben den Sarg an und stellten ihn auf die Balken über der Grabstätte. Wenn man den Sarg auf die Grabstätte trägt, um ihn auf die Balken zu stellen, ist es wichtig zu beachten, ihn mit relativ ausgestrecktem Arm raufzutragen, um dem gegenüberliegenden Kollegen genug Spielraum auf den Trittbrettern zu geben. Denn je näher ich den Sarg mit den Armen am Körper trage, desto länger muss sich der Kollege auf der anderen Seite strecken, da er sonst mit ins Grab gezogen würde. Kollegiales Miteinander ist hier wichtig, ein Sargziehen über der Grabstätte will schließlich keiner sehen.

Dann gab uns der Pfarrer das Zeichen. Wir hoben den Sarg hoch, zogen die Balken, schnappten uns das Seil und ließen den Sarg ins Grab hinab. Danach verbeugten wir uns und verließen mit dem Katafalk die Grabstätte.

Ohne Probleme, ohne besondere Vorkommnisse verlief meine erste Beisetzung als Sargträger. Man sagte mir, dass ich alles vernünftig gemacht hätte und dass man sich freuen würde, wenn ich Teil des Teams werde. Zufrieden mit meiner Arbeit verließ ich den Friedhof und ahnte noch nicht, wie dieser Dienst, diese Nebentätigkeit mich und mein Leben verändern würde.

2. Highland Cathedral

Es war ein grauer und trister Novembermorgen, die Blätter fielen von den Bäumen. Auf dem Friedhof herrschte eine düstere Atmosphäre, die Stille wurde nur durch den Klang des Regens unterbrochen. Die Sonne zeigte sich gar nicht, der Morgen war nass, kalt und neblig. Die Natur bereitete sich auf den Winter vor.

Es gibt einen Ausspruch, der bezieht sich direkt auf diese Jahreszeit: „Wenn die Blätter fallen, gehen auch die Leute." Da ist meiner Erfahrung nach etwas Wahres dran. Im Winter wird mehr gestorben. Die Sterbezahlen in den Monaten Dezember bis März verzeichnen jährlich Höchststände, das wissen nicht nur die Bestatter, sondern bestätigt auch das Statistische Bundesamt.[1] Vermutlich verhält sich das so aufgrund der in dieser Jahreszeit verstärkt auftretenden Infektionskrankheiten und Viruserkrankungen, zudem ist der Körper durch Kälte und weniger Licht anfälliger. Die höchste Sterberate wird allerdings jährlich im Februar vermeldet, nicht im November. Vielleicht aber schlägt einem der November deswegen so aufs Gemüt, weil er mit seinem regnerischen und kalten Wetter sowie der Dunkelheit quasi als ein Vorbote dieser Sterbezeit empfunden wird.

In schwarzen Mänteln und den Kopf bedeckt mit unseren schwarzen Hüten standen wir eng beieinander und warteten auf das Ende der Trauerfeier. Viel wurde an diesem Morgen nicht miteinander gesprochen. Jeder von uns sehnte sich danach, nur ja wieder schnell ins geschützte Warme zurückkehren zu können, und wartete darauf, die Arbeit erledigen zu können. Die ganze Szenerie erinnerte an die Filmsequenz aus einem Agentenfilm.

Draußen vor der Trauerhalle war eine Lampe angebracht. Als diese aufleuchtete, wussten wir Bescheid, dass die Trauerandacht zu Ende ist und wir mit unserer Arbeit beginnen konnten. Unser Ablauf war routiniert: Der Katafalkwagen wurde auf seine Position geschoben und ein letztes Mal musterte man sich, ob Mantel, Hut und Handschuhe richtig sitzen.

Ich möchte kurz erklären, was ein Katafalkwagen ist: Dieser Wagen ist ein meist schwarzer Rollwagen, auf den der Sarg gestellt wird, teilweise mit Griffen zum Schieben beziehungsweise Ziehen des Wagens. Oft ist die Stahlrohrkonstruktion des Sargwagens mit einem schwarzen Tuch behangen und dient zum Transport des Sarges zur Grabstelle.

Nachdem wir unsere innere Checkliste schnell abgearbeitet hatten, öffnete ich die Tür zur Trauerhalle. Wir trugen den Sarg hinaus, positionierten ihn auf dem Katafalkwagen, stellten uns vor der Tür der Trauerhalle neben dem Sarg auf und warteten auf die Trauergesellschaft. Die Menschen verließen langsam die Halle, die Ersten öffneten ihre Schirme gegen den Regen und andere schlossen ihre Mantelkrägen gegen die Kälte.

„Nun wollen wir in aller Stille den Toten auf seinem letzten Weg begleiten." Mit diesen Worten des Geistlichen setzte sich der Trauerzug in Bewegung. Langsamen Schrittes zogen wir Richtung Grabstätte. Da es Trauergäste gab, die mit ihren Rollatoren unterwegs waren, drehte ich mich gelegentlich nach ihnen um, um unser Tempo dem der Trauergesellschaft anzupassen. Sonst könnte es einem nämlich tatsächlich passieren, dass man die Trauergesellschaft abhängt und mit etwas Vorsprung am Grab ankommt. Was natürlich niemand möchte und auch nicht im Sinne eines gemeinsamen Trauerzuges ist.

Es sei aber an dieser Stelle erwähnt, dass ich in meinen Jahren als Sargträger mehrere Beerdigungen erlebt habe, bei denen der Trauerzug länger dauerte als die eigentliche Trauerfeier. Gerade auf größeren Friedhöfen mit langen Wegstrecken und auf Friedhöfen in Hanglage kann ein Zug schon mal etwas länger dauern, insbesondere wenn die Gesellschaft etwas betagter ist. In solchen Fällen muss man dann, um den Trauerzug zusammenzuhalten und gemeinsam am Grab zu erscheinen, schon mal zwei, drei, vier Pausen einlegen, obwohl die gesamte Wegstrecke relativ kurz ist. Sonst wäre die Beerdigung vorbei, ehe die letzten Trauergäste angekommen sind. Aber zurück zum Erlebten …

Der Wind blies uns den Regen heftig ins Gesicht, und mit gesenkten Köpfen näherten wir uns langsam der Grabstätte. Kurz vor der letzten Kurve durchbrach dann allerdings urplötzlich ein schrilles Getöse die Stille. Ein Laut, der durch Mark und Bein ging, ließ alle Anwesenden zusammenzucken. Mir stellten sich die Nackenhaare auf. Ein Ton, und die Tierfreunde mögen mir verzeihen, so schrill und schief, als würde man auf einen Sack voller Katzen einschlagen und gleichzeitig dazu die kaputte Alarmanlage eines Autos ertönen lassen. Und ehe ich dafür einen Shitstorm kassiere: Natürlich kenne ich es nicht aus eigener Erfahrung, wie es ist, neben einem Auto mit kaputter Alarmanlage auf einen Sack voller Katzen einzuschlagen, aber wenn es ein Bild gibt, das irgendwie den Charakter dieses Lauts widerspiegelt, wäre dieses ein sehr stimmiges.

Das Ganze erinnerte nun nur noch mehr an eine Szene aus einem alten Schwarz-Weiß-Film à la Edgar Wallace, in dem plötzlich ein gellender Schrei ertönt, alle zusammenzucken und mit weit aufgerissenen Augen innehalten. Doch nachdem nun alle Trauergäste im regnerischen Morgennebel aufgeschreckt und aus ihren Gedanken sowie ihrer Trauer herausgerissen worden waren, erklang eine „Melodie", die von da an die weiteren Schritte des Trauerzugs begleiten sollte. Doch die Blicke, die nun untereinander ausgetauscht wurden, zeugten von Entsetzen und Fassungslosigkeit. In der Kurve konnte ich förmlich die Gedanken über den

Köpfen der Trauernden lesen: *Was passiert hier? Was ist das? Das kann doch jetzt nicht wahr sein, oder?*

Unbeirrt wie routiniert setzten wir den Trauerzug fort und kamen nach einer weiteren Abbiegung bei der Grabstätte an. Und dort erblickten wir im Morgennebel den Verursacher der grauslich schönen „Melodie“: Am Grab stand, in stolzer Haltung und im schottischen Kilt, ein Dudelsackspieler und blies voller Inbrunst, krumm und schief, seinen Dudelsack. Ohne eine Miene zu verziehen, blies er sein Stück zu Ende, bis wir vollends am Grab angekommen waren. Und ich fragte mich angesichts der vielen schiefen Töne: War der Mann etwa taub? Warum spielte er ein Instrument weiter, das offensichtlich verstimmt war oder nicht richtig funktionierte? Doch er zog seinen Auftritt durch und für ihn gab es, einmal angefangen, kein Halten mehr.

Erstaunt über die dargebotene Kunst blickten sich alle Umstehenden fassungslos an, was er mit einem stolzen Nicken erwiderte. Wir Sargträger stellten anschließend den Sarg ordnungsgemäß auf die Balken über dem Grab ab, ohne Blickkontakt untereinander, was auch besser war aus Sorge vor einer Lachexplosion. Als der Sarg dann platziert war, sah ich, wie auch die anwesende Geistlichkeit damit zu kämpfen hatte, Haltung zu bewahren und mit der Zeremonie weiterzumachen. Über die Jahre kennt man sich ja, und wir merkten sehr schnell, wie unglaublich schwer es der Geistlichkeit fiel, ruhig zu bleiben. Doch kurz darauf fanden alle wieder zur Routine zurück und die Trauerzeremonie konnte am Grab ihren Lauf nehmen.

Nachdem die letzten Worte gesprochen waren, hoben wir den Sarg an den Seilen an, um ihn ablassen zu können. Und in diesem Moment ertönte der Klassiker aller Dudelsacklieder: „Highland Cathedral" – interpretiert auf eine ganz eigene, an diesem Tag sehr besondere Art und Weise.

Für mich als Schauspieler war es tatsächlich sehr beeindruckend zu erleben, wie man so voller Stolz und Überzeugung einen so wunderbar grässlich schiefen Auftritt hinlegen konnte. Der Mann im Kilt ließ sich rein gar nichts anmerken und strahlte aus: „Das, was ich hier mache, muss genau so sein."

Wir ließen also den Sarg ab und dann passierte das, was nicht hätte passieren dürfen: Der Blick meines Gegenübers traf mich und ich sah, wie ihm Tränen über sein aus Anstrengung leicht verzerrtes Gesicht liefen. Ich war verwirrt und die verschiedensten Gedanken gingen mir durch den Kopf: *Kannte er den Verstorben? – Nein, das hätte er sicher beim Foto in der Trauerhalle erwähnt. Ist er von der Musik so berührt? – Nein, definitiv nicht. Oder doch?* Und dann sah ich nur ein großes und lautes *„Bitte nicht!"* in seinem Gesicht. Mein Kollege riss sich förmlich zusammen, nicht lauthals über die Situation lachen zu müssen. Und dieses Unterdrücken ließ ihn körperlich erzittern, sein Gesicht zusammenkneifen und weinen. Ich erkannte also, dass sein Gesicht, das mir im ersten Moment vorkam wie ein vor Trauer und Schmerz weinendes, eher ein von der Absurdität der Situation geplagtes war, welches das Lachen unterdrückte.

Als mir das klar wurde, und das war mein Schicksal, kündigte sich in mir eine Lacheruption an. Wie Lava in einem Vulkan bahnte sich das Lachen seinen Weg durch meinen Körper und meinen Geist. Ich versuchte es unterdrücken, aber je mehr ich es unterdrückte, desto stärker wurde es. Dann kam der kurze Moment, in dem ich dachte: *Jetzt reiß dich mal zusammen, du bist hier auf einer Beerdigung und du lässt gerade einen Sarg ab!* Die in mir brodelnde Lachlava schien eingedämmt zu sein, und ich hatte das Gefühl, die Situation wieder unter Kontrolle zu haben.

Ich denke, jeder von uns kennt solch eine Situation, zum Beispiel aus der Schule oder dem Beruf. Manchmal gibt es sie auch in der „Tagesschau" zu sehen: Man darf nicht lachen, muss aber, und dann reicht eine Geste, ein Geräusch oder ein Versprecher und schon bahnt sich das Lachen seinen Weg und man steckt im Lachanfall fest.

Ich jedenfalls hatte die Rechnung ohne den Dudelsackmeister gemacht, und plötzlich durchdrang ein gellend schiefer Ton mein Reiß-dich-zusammen-Mantra. Dazu noch ein Blick nach vorne zu meinem Kollegen, der immer noch vor unterdrücktem Lachen bebte, und schon war mein innerer Lachvulkan wieder kurz vor der Explosion. Meine Schultern und mein Oberkörper fingen an zu zittern, ich kniff mein Gesicht zusammen und die ersten Tränen kullerten über meine Wangen.

Was sonst nur wenige Sekunden dauert, den Sarg ins Grab abzulassen, dauerte dieses Mal eine gefühlte Ewigkeit. Zentimeter für Zentimeter erreichte der Sarg sein Ziel, während in mir ein nicht aufhören wollendes Gefühlsbeben tobte. Als der Sarg endlich den rettenden Erdboden erreicht hatte, ließen wir die Seile los, verbeugten uns und verließen die Grabstelle. Mein Blick war dabei tief gesenkt, ich wollte zu niemandem Blickkontakt aufnehmen, aus Angst, die Beherrschung zu verlieren. Der Dudelsackspieler untermalte derweil mit seiner Musik weiter die Szenerie. Am liebsten hätte man ihm sagen wollen, nein, ihn anschreien wollen: Jetzt hör doch mal auf!

Mit gesenktem Blick griffen wir uns den Katafalk und gingen zurück Richtung Trauerhalle. Wir alle schwiegen. Man spürte förmlich die innere Anspannung aller Beteiligten. In sicherer Entfernung angekommen, brach das Lachen dann aus uns allen heraus und wir hatten Tränen in den Augen. Als wir so beieinanderstanden und uns über das Erlebte austauschten, sahen wir den Beerdigungspfarrer auf uns zukommen, der aussah, als hätte er den Leibhaftigen gesehen. Mit großen Augen und kopfschüttelnd stand er vor uns und sagte nur: „Was war das denn?“ Und sofort brach auch bei ihm ein herzhaftes Lachen aus.

Nachdem er sich etwas gefangen hatte, schilderte er, dass er auch während der Zeremonie stark mit sich kämpfen musste, nicht loszulachen über die Absurdität der dargebotenen Musik. Er habe vergeblich versucht, dem „Schotten“ ein Zeichen zu geben, dass es reichen würde an musikalischen Ergüssen. Doch dieser verstand ihn nicht, sondern beantwortete seine Geste mit einem Kopfnicken und machte stolz weiter.

Kurze Zeit später erschien auch die ältere Witwe, eingehakt am Arm ihres Sohnes, bei uns und bedankte sich für die geleistete Arbeit. Außerdem erkundigte sie sich, ob es uns denn nun wieder etwas besser ginge, da wir ja emotional so ergriffen waren, dass wir weinen mussten. Das meinte sie ganz ernst, ohne jegliche Anspielung auf das musikalisch Erlebte. Vielmehr war sie so gerührt von unserer „Anteilnahme“, dass sie sich einfach noch einmal dafür bedanken wollte. Der Sohn streichelte dabei die Hand der Mutter und konnte sich ein leichtes Grinsen gegenüber uns nicht verkneifen.

Und dann ließ uns die Witwe noch wissen, dass die Beerdigung genau so schön verlaufen sei, wie ihr Mann es gewollt hätte, und dass die Musik auf Wunsch des Verstorbenen gespielt worden sei. Sie selbst habe mit Dudelsackmusik wenig anfangen können und ihr Sohn unterstrich ihre Aussage mit den Worten: „Papa hatte halt einen speziellen Musikgeschmack." Dann verabschiedeten wir uns voneinander.

Auf dem Parkplatz traf ich zum Schluss noch den Mann im Kilt. Es stellte sich heraus, dass er kein Schotte ist, aber gerne einer wäre und nur im falschen Land geboren wurde. Seine wehmütige Aussage quittierte ich mit einem kurzen: „Ah, ja." Dann erklärte er mir noch, wie er mit den Wetterbedingungen zu kämpfen hatte. Dass die sogenannte „Pipe" zu Beginn der Beerdigung nicht wirklich warm gewesen war, er aber mit sich und seinem Auftritt sehr zufrieden sei. Durch das nasskalte Wetter an diesem Morgen habe er seine „Pipe" nicht warmspielen können und so seien wohl nur wenige gerade Töne aus dem Dudelsack gekommen.

An alle Dudelsackspieler da draußen: Ich persönlich weiß nicht, ob die Erklärung des Mannes im Kilt stimmt – ich bin kein Dudelsackspieler –, aber sie klang für mich logisch und einleuchtend, nachdem ich ja zuerst am Grab vermutet hatte, er wäre taub.

Was mich aber trotz seiner Erklärung wunderte: *Warum spiele ich ein Instrument weiter, wenn es verstimmt ist oder nicht richtig funktioniert?* Aber vielleicht hoffte er auf ein musikalisches Wunder, glaubte an die Kraft seines warmen Atems oder wollte dem Verstorbenen einfach bei der letzten Gelegenheit musikalisch die Ehre erweisen.

Nach ein paar weiteren Worten verabschiedeten wir uns und ich setzte mich in mein Auto, wo ich noch einen weiteren herzhaften Lachanfall bekam. Bitte nicht falsch verstehen, das Lachen richtete sich nicht gegen die Beerdigung, den Verstorbenen oder seine Angehörigen. Es soll in keiner Weise despektierlich sein, aber die ganze Situation und der innere Druck mit Gedanken wie *Du darfst nicht lachen. Du bist hier auf einer Beerdigung. Du machst hier deine Arbeit und verhältst dich dem Anlass angemessen.* waren kaum auszuhalten. All das kann den Lachvulkan zum Ausbruch bringen. Oder um es mit den Worten des französisch-rumänischen Schriftstellers Eugène Ionesco (1909–1994) zu sagen, die sehr gut zu einigen der Erlebnisse und Erinnerungen in diesem Buch passen: „Komik entsteht, wenn man Tragödien anschaut und dabei ein Auge zukneift."

Was mir jedoch am Ende dieses Erlebnisses am meisten im Gedächtnis blieb, war das Gesicht meines Kollegen. Lachen und Weinen liegen in der Mimik so nahe beieinander.

3.
Das letzte Geleit

„Wir alle sind mit unserem verstorbenem Vater Wege auf dieser Welt gegangen. Manche von uns gingen mit ihm kurze Strecken, andere waren längere Begleiter an seiner Seite. Wieder andere gingen immer wieder mal ein Stück mit ihm. Manche kennen ihn nur aus kurzen Begegnungen. Einige wenige teilten mit ihm den Lebensweg, bis zum heutigen Tag. Wir alle sind gekommen, weil wir nicht möchten, dass er den letzten Weg auf dieser Welt allein geht. Wir begleiten ihn nun gemeinsam, um ihm nachzublicken, wenn seine Seele heimkehrt."

So oder so ähnlich könnte die Einladung zu einer Trauerfeier lauten, um den Verstorbenen auf seinem letzten Weg zu begleiten. Damit erweist man dem Verstorbenen die letzte Ehre und gibt ihm das letzte Geleit. Je nach Bestattungsart und örtlichen Gegebenheiten nimmt der Trauerzug in der Kirche, in der Trauerhalle oder vor der Trauerhalle beziehungsweise am Friedhofseingang seinen Anfang. Findet die Beisetzung im Anschluss an eine Trauerfeier statt, so geleitet die Trauergemeinde den Sarg oder die Urne direkt zur letzten Ruhestätte.

Die Tradition des Trauerzuges reicht weit zurück: Schon im Römischen Reich gab es unter dem Namen *pomba funebris* einen festlichen Begräbnisumzug, bei dem die Freunde und Verwandten Masken und Gewänder prominenter Vorfahren des Verstorbenen trugen. Auch in anderen Religionen gibt es das Ritual des Trauerzuges; in islamischen Bestattungsriten ist die Teilnahme an Trauerzügen zum Beispiel nur Männern erlaubt, Frauen hingegen ist sie verboten. Auch wird von den Gläubigen gefordert, sich beim Vorbeiziehen eines Trauerzuges zu erheben. Früher begann der Trauerzug im Haus des Toten, wo dieser zuvor einige Zeit aufgebahrt wurde, doch mit dem Wachsen der Städte und der damit verbundenen größeren Entfernung zwischen Friedhof und Wohnung des Toten beziehungsweise

Krankenhaus wurden seit der zweiten Hälfte des 19. Jahrhunderts Leichenhallen auf den Friedhöfen üblich, in denen der Verstorbene bis zur Beerdigung aufgebahrt wurde. Aus hygienischen Gründen setzte sich diese Praxis nach dem Zweiten Weltkrieg auch in ländlichen Gebieten durch. Seitdem führt der Trauerzug in der Regel nur noch von der Friedhofskapelle oder Trauerhalle zum Grab.

Beim Trauerzug geht es aber nicht allein darum, den Sarg oder die Urne zum Grab zu bringen. Er ist vielmehr eine Handlung mit einer tieferen Symbolik und kann bedeuten:

- *Es tut weh, dich gehen zu lassen.*
- *Es bricht mir das Herz, dass dies unser letzter gemeinsamer Weg ist.*
- *Wir nehmen uns Zeit und gehen langsam, um jeden Moment auszukosten und einander nahe zu sein.*
- *Obwohl dieser Weg voller Schmerz ist, möchte ich jeden einzelnen Schritt bewusst erleben und dir dabei nahe sein.*
- *Möge dieser Weg niemals enden!*
- *Schritt für Schritt erinnern wir uns an die Wege, die wir zusammen in dieser Welt gegangen sind.*
- *Es ist der letzte Weg, den wir gemeinsam gehen.*
- *Du gehst voraus und ich schaue dir nach.*
- *Mit jedem Schritt kommst du deinem Hafen näher, während ich dich mehr und mehr loslassen muss.*
- *Heute kehre ich zurück ins Leben, während du weitergehst in die Ewigkeit.*

Deshalb sollte dieses letzte Geleit, dieser letzte gemeinsame Weg, nicht ausgelassen werden. Selbst wenn die Grabstätte anonym ist, ist es gut, den Toten ein Stück zu begleiten.

Meistens führen wir als Sargträger den Trauerzug an, manchmal in Begleitung des Bestatters. Es gibt auch Beerdigungen, bei denen der Geistliche neben einem Kreuz vorausgeht. In diesem Fall flüstern wir dem nicht ortskundigen Pfarrer meist als eine Art „Navi" von hinten den Weg zu.

Geht der Geistliche voraus, bedeutet dies symbolisch, dass er dem Verstorbenen den Weg weist. Folgt der Geistliche dagegen dem Sarg unmittelbar vor den Trauernden, so drückt dies aus, dass er den Verstorbenen aus der Hand der Hinterbliebenen nimmt und ihn in Gottes Hand legt.

Eigentlich sollte man meinen, dass die Angehörigen dem Verstorbenen auf seinem letzten Weg am nächsten sind. Das ist aber nicht der Fall. Wenn man es genau nimmt, sind wir es nämlich, die Sargträger. Wir begleiten jede Urne, jeden Sarg auf Armeslänge. Manchmal sind wir auch die Einzigen, die den Verstorbenen begleiten. Aber dazu mehr in einem anderen Kapitel.

Auch wenn wir am nächsten dran sind, gebe ich zu: Bei drei bis fünf Beerdigungen am Tag ist es nicht immer möglich, mit den Gedanken ganz beim Verstorbenen zu sein. Da schweifen die Gedanken auch mal ab und man denkt an etwas, das noch zu erledigen ist. Oder man schaut sich die Umgebung an, denkt über das Wetter nach oder achtet einfach nur darauf, seinem Vordermann nicht in die Hacken zu laufen. Gerade die Friedhöfe, auf denen ich im Bergischen Land tätig bin, sind teilweise so steil, dass man bei dem ganzen Auf und Ab mit dem Katafalk aufpassen muss, wieder gesund vom Friedhof zu kommen.

Außerdem müssen wir als Sargträger während des Trauerzuges darauf achten, das Tempo anzupassen, um den Trauerzug zusammenzuhalten und den richtigen Weg einzuschlagen. Damit die Angehörigen sich darüber keine Gedanken machen müssen und mit diesen ganz bei dem Verstorbenen sein können. Aber leider nehmen sie sich das nicht immer zu Herzen, manche unterhalten sich auf dem Weg zum Grab tatsächlich über Politik, das Erbe oder die Angebote im Supermarkt.

Bitte nicht falsch verstehen, niemand muss in stiller Trauer hinter dem Sarg herlaufen, es sei denn, die engsten Angehörigen wünschen es. Aber ich finde trotzdem, wenn man bewusst von einem Menschen Abschied nimmt, sollte man sich auch auf ihn konzentrieren, sonst braucht man nicht an der Beerdigung teilzunehmen. Gerne auch zum Beispiel mit Gebeten, Psalmen oder Musik. In dieser Zeit sollten sich die Gedanken nicht um die eigenen Belanglosigkeiten drehen. Ich muss gestehen, wenn ich das mitbekomme, macht mich das in dem Augenblick ein wenig wütend und ich verstehe es auch nicht.

Wenn wir mit dem Trauerzug unterwegs sind, kommen uns oft auch andere Friedhofsbesucher entgegen. Ihre Reaktionen auf das Sarggeleit sind verschieden. Einige stellen aus Respekt vor dem Verstorbenen ihre Pflegearbeiten am Grab ein oder bleiben einfach stehen. In ihren Gesichtern kann man dann förmlich die Empathie und das Mitgefühl für die Angehörigen erkennen. Vielleicht werden ihnen in diesem Moment auch die eigene Trauer und der Schmerz des Verlustes noch einmal bewusst, und sie können nachvollziehen, was die Angehörigen gerade empfinden.

„Nächstenliebe, Freundlichkeit,
brüderliches Mitleid mit dem Leidenden
ist für diesen oft viel notwendiger als alle Arzneien.“

Fjodor Michailowitsch Dostojewski (1821–1881)

Anderen Friedhofsbesuchern hingegen ist es völlig egal, ob gerade ein Trauerzug an ihnen vorbeizeiht oder nicht. Es gibt auch Leute, die lauthals redend durch oder an dem Trauerzug vorbeilaufen, als ob sie gar nicht mitbekommen, was gerade passiert.

Ich war einmal bei einer Beerdigung, da mussten wir mit dem Trauerzug die Straße überqueren, um zum Grab zu gelangen. Die Autos haben für unsere Querung der Straße angehalten. Einem Autofahrer, nein, es war eher ein bässedröhnender, erlebnisorientierter „Fast-and-furios-Möchtegern-Rennfahrer", ging es aber nicht schnell genug. Er hupte immer und immer wieder und wollte sich dadurch den Weg frei machen. Nur so viel: Er sah nicht so aus, als müsse er jetzt schnell ins Krankenhaus zur Geburt seines Kindes oder zu einer Operation am offenen Herzen.

Auf meine bittende Frage, ob er sich denn nicht kurz gedulden könnte, antwortete er bloß: „Ich habe es eilig, und der hat es doch eh hinter sich." Ein Kollege bemerkte, dass ich kurz vor der verbalen Detonation stand, ihm meine Meinung zu sagen, und konnte mich gerade noch rechtzeitig mit den Worten beruhigen, dass das sowieso nichts bringe und wir ja eine Aufgabe zu erledigen hätten.

Eine ältere Dame mit Rollator aus dem Trauerzug, die das mitbekommen hatte, ließ sich allerdings nicht so leicht beruhigen. Nach ein paar sehr kreativen Flüchen und Beschimpfungen setzte sie sich in Bewegung – und ich habe noch nie jemanden mit einem Rollator so langsam über die Straße gehen sehen. Zeitlupe war im Vergleich dazu Höchstgeschwindigkeit. Und da der feine „Herr Autofahrer" nun wohl gemerkt hatte, dass er nach dieser Ansage – im Angesicht des Zorns der älteren Generation und gegen die alte Dame – ohnehin keine Chance gehabt hätte, beruhigte er sich ein wenig. Eigentlich konnte er sogar froh sein, dass ihn nicht im nächsten Moment ein vom lieben Gott gesandter Blitz getroffen hat oder der Rollator der alten Dame in seiner Windschutzscheibe gelandet war. In solchen Momenten fällt es allen Beteiligten schwer, den Gedanken an den Verstorbenen zu bewahren.

Vor allem bei den Beerdigungen, an denen nicht viele Menschen teilnehmen, bin ich persönlich in Gedanken sehr bei dem Verstorbenen. Dann wünsche ich dem Toten eine gute Reise und hoffe, dass er ein gutes Leben hatte. Dauert der Weg zum Grab länger, bete ich auch schon mal das Gebet der Mutter Gottes und beschreibe ihm oder ihr, wie das Wetter gerade ist und was man sehen kann. Keine Sorge, dieses Gespräch findet hauptsächlich in Gedanken statt. Das Einzige, was ich wirklich jedem Verstorbenen bei jeder Beerdigung wünsche, ist ein letzter Gruß mit den Worten: „Mach's gut und Gott hab dich selig." Das mag für manche seltsam klingen, aber ich glaube, dass jeder Mensch einen letzten Gruß verdient hat.

„Fürchte nicht menschlich zu sein,
fürchte, nicht menschlich zu sein."

Manfred Hinrich,
Autor und Aphoristiker (1926–2015)

4.
Der Sturz ins Grab

An diesem Tag hatte ich bereits zwei Beerdigungen hinter mir und nun, zwischen der zweiten und der dritten, hatte ich eine Stunde Pause. So konnte ich mir also etwas Zeit lassen und völlig entspannt zum nächsten Friedhof fahren, wo ich meinen nächsten Einsatz haben sollte. Oft finden die Bestattungen jedoch im Stundentakt statt, sodass wir uns sehr beeilen müssen, um rechtzeitig vor Ort zu sein und mit der Zeremonie zu beginnen. Im besten Falle liegen die Beerdigungen zeitlich hintereinander, im Stadtgebiet verteilt. Bitte also bei der nächsten Beerdigung nicht wundern, wenn es so aussieht, als wären die Sargträger auf der Flucht, was sie nicht sind, sie müssen nur zur nächsten Bestattung. Ehrlich gesagt wünsche ich mir manchmal so ein Schild für das Auto, ähnlich wie es Notärzte haben: *Sargträger im Einsatz.*

Auf dem Friedhof angekommen zog ich meinen Mantel an, genoss für einen kurzen Moment die ersten Strahlen der Aprilsonne und lauschte dabei dem Zwitschern der Vögel, den ersten Frühlingsboten. Die Friedhofsgärtner waren damit beschäftigt, alte Gestecke sowie die Herbst- und Winterblumen von den Gräbern zu nehmen und diese für die kommende Frühlingsbepflanzung vorzubereiten. Ich begrüßte sie bei der Arbeit und wir hielten ein bisschen Smalltalk. Dann erkundigte ich mich bei ihnen, ob der Bestatter schon vor Ort sei, was sie bejahten, und verabschiedete mich schnell von ihnen.

Schon auf dem Weg zur Trauerhalle sah ich den Bestatter, der gerade mit einem Mitarbeiter dabei war, die Dekoration für die Trauerfeierlichkeit in die Halle zu tragen, um sie von innen zu schmücken. Wir begrüßten uns, unterhielten uns kurz über ein paar private Dinge und natürlich über die anstehende Trauerfeier. Da ich aber wusste, dass Bestatter vor einer Beerdigung immer recht viel mit der Dekoration und Organisation vor Ort zu tun haben, wollte ich ihn auch nicht lange von seiner Arbeit abhalten und fragte ihn, wo das Grab sei und ob ich die Streublumen schon mit zum Grab nehmen solle. Er antwortete mir, dass das Grab auf der Rückseite der Trauerhalle liege und wir mit dem Trauerzug dieses Mal nur einen kurzen Weg zurückzulegen hätten. Die Streublumen seien dort auch bereits vor Ort. Danach reichte er mir noch sechs Paar weiße Handschuhe für meine Kollegen und mich und verschwand wieder zu seiner Arbeit in die Trauerhalle.

Warum tragen Sargträger eigentlich weiße Handschuhe? Und warum werden sie manchmal ins Grab geworfen? Hat das einen tieferen Sinn oder gar eine rituelle Bedeutung? – Ganz allgemein soll die Kleidung der Sargträger Respekt und Würde gegenüber der verstorbenen Person und den Trauergästen ausdrücken. Weiße Handschuhe symbolisieren Reinheit. In manchen Gegenden ist es heute noch üblich, dass die Sargträger, nachdem sie den Sarg ins Grab hinabgelassen haben, ihre Handschuhe ausziehen und mit in die Erdgrube werfen. Diese Geste mag befremdlich wirken, ist aber weder respekt- noch pietätlos. Dieser traditionelle Brauch soll symbolisch zum Ausdruck bringen, dass die Sargträger die Berührung mit dem Tod von sich abstreifen. Sie lassen den Tod im Grab und kehren ins Leben zurück. Vielerorts wird dieser Brauch jedoch nicht mehr gepflegt oder es wird von den Angehörigen nicht gern gesehen, dass die Handschuhe auf dem Sarg liegen, wenn sie zum letzten Abschied ans Grab treten. Dann werden die Handschuhe am Grab ausgezogen, am Fußende des Grabes ordentlich auf das Trittbrett gelegt und mitgenommen oder man verzichtet ganz auf den Brauch.

Ich legte die sechs Paar Handschuhe auf den Katafalk und machte mich auf den Weg zum Grab. Ich wollte kurz nachsehen, ob vor Ort alles in Ordnung war, das heißt, ob das Grab vernünftig mit grünem Kunstrollrasen eingedeckt, Balken auf dem Grab und drei Seile zum Herablassen des Sarges vorhanden und die Trittbretter, die um das Grab liegen, nicht wackelig waren. Hin und wieder nehmen wir Sargträger zu einem solchen Kontrollgang die Streublumen für den letzten Gruß sowie das Holzkreuz mit den Daten des Verstorbenen mit, das nach der Beisetzung aufgestellt wird, bevor der Steinmetz später den Grabstein setzt. Doch in diesem Fall musste ich nichts mitnehmen, denn alles war schon vor Ort. So schlenderte ich gut gelaunt die wenigen Meter zur Grabstelle und genoss unterwegs weitere Frühlingsgrüße.

Die letzten Schritte nahm ich nicht den normalen Weg, sondern eine kleine Abkürzung über eine Wiese. Ich ging langsam auf das Kopfende des Grabes zu und sah schon zwei Eisenstangen als Balkenersatz über dem Grab liegen, die drei Seile, das Grab, das perfekt mit Kunstrollrasen eingefasst war, und die Streublumen. Alles schien perfekt. Eigentlich hätte ich schon umdrehen und den Rückweg antreten können, aber ich ging noch ein Stück weiter, um einen Blick in das Grab zu werfen. Ich wollte sehen, wie tief das Grab ist und ob es vielleicht Wasser enthält. Ich machte also einen weiteren Schritt, setzte den Fuß auf den Kunstrollrasen und merkte, wie dieser urplötzlich nachgab. So wie bei einer Falle, bei der ein Erdloch mit einer Lage von dünnen Ästen und Blättern bedeckt ist, um ein Wildtier zu fangen, trat ich ins Leere und fiel kopfüber in das Grab. Mit weit aufgerissenen Augen ging es für mich nach vorne und unten Richtung Grabsohle.

Mein Absturz wurde jedoch abrupt gebremst, als ich mit meiner Körperflanke, genauer gesagt mit meinem Rippenbogen, unter Stöhnen auf eine der Eisenstangen aufschlug, die über dem Grab angebracht waren. Doch die Stange konnte meinen Sturz nicht vollends aufhalten. Mit einem ungewollten Überschlag, wie an einer Reckstange, sollte es eine Etage tiefer gehen. Glücklicherweise konnte ich das verhindern, indem ich mich an der oberen Kante der Innenverbauung des Grabes festhielt und so meinen weiteren Fall stoppte. So lag ich wie ein nasser Sack mit ausgebreiteten Armen kopfüber über der Eisenstange und war dankbar, vorerst einen Komplettabsturz verhindert zu haben.

Nun galt es, die missliche Lage zu sondieren und mich irgendwie aus der Situation zu befreien. Als Erstes stellte ich fest: Die Eisenstange hält dich – sie war zwar verrutscht und ihre Enden waren bedrohlich nahe am Rand des Grabes, aber sie hielt. Langsam versuchte ich mich nach oben zu ziehen, um die zweite Eisenstange vor mir zu ergreifen und mich weiter an ihr hochzuziehen. Dabei spürte ich jedoch meine Körperflanke und stöhnte vor Schmerz auf. Gleichzeitig musste ich, dank meiner blühenden Fantasie, anfangen zu lachen. Denn ich stellte mir vor, wie es wohl von außen aussehen würde, wie ich hier über der Stange hing. Ich versuchte also, mich in einem Mix aus Stöhnen und Lachen aus dem Grab zu ziehen beziehungsweise mich über die zweite Stange auf das rettende Seitentrittbrett zu rollen. Und das alles in meinem langen schwarzen Mantel und mit zerzausten Haaren. Der Gedanke ließ mich wieder lachen und gleichzeitig vor Schmerz aufstöhnen.

Tatsächlich gelang mir meine eigene Bergung relativ zügig und ich gelangte ans rettende Seitentrittbrett. Dort angekommen sah ich mich mit schmerzverzerrtem Gesicht um und blickte plötzlich in das Antlitz einer älteren Dame, die mit offenem Mund und weit aufgerissenen Augen fast zu einer Salzsäule erstarrt vor mir und dem Grab stand und das ganze Schauspiel beobachtete. Kurz bevor ich etwas sagen konnte, drehte sie sich um und ging, ohne ein Wort zu sagen, mit erschrockenem Blick davon. Die ganze Situation war so absurd, dass ich erneut lachen musste, und gleichzeitig stöhnte ich wieder vor Schmerz auf.

Der Unfall blieb von meinen Kollegen erst einmal unbemerkt. Nachdem ich das Grab und mich wieder einigermaßen gerichtet hatte, ging ich zur Trauerhalle zurück, denn die Beerdigung stand ja noch bevor. Einigermaßen vom Schmutz befreit und die Haare wieder in Ordnung gebracht, traf ich dort auf meine Kollegen. Da ich mich aber augenscheinlich nicht ausreichend genug zurechtgemacht hatte, fragten sie mich direkt, ob mit mir alles in Ordnung sei. Also schilderte ich ihnen, was passiert war. Sie sahen mich perplex an und fingen fast alle gleichzeitig an zu lachen. Zum Glück standen wir etwas abseits, sodass die eintreffende Trauergesellschaft unser Lachen nicht mitbekam. Für einen kurzen Moment verschwand ich dann in der Friedhofstoilette, um meinen Mantel und meine Hose, so gut es ging, vom Schmutz zu befreien.

Eigentlich, ja eigentlich, sollte immer ein sicheres Trittbrett um das ganze Grab herum unter dem Kunstrollrasen liegen. Die Betonung liegt auf „eigentlich“ und „immer“. Denn in meinem Fall – hier im wahrsten Sinne des Wortes – war es nicht da. Man hatte das Trittbrett am Kopfende schlichtweg vergessen, sodass es für mich abwärts ging.

Schnell suchte ich den zuständigen Friedhofsgärtner auf, um ihm von meinem Sturz zu erzählen. Schließlich musste er das fehlende Trittbrett am Kopfende nun noch verbauen, ehe die Beerdigung losgehen konnte. Als ich ihm von meinem Erlebnis berichtete, war sein erster Kommentar: „Du bist zu dick."

Mit dieser Antwort hatte ich nicht gerechnet. Mit einem souveränen Schmunzeln antwortete ich, dass er dies gut beobachtet habe, es aber nicht der Grund für meinen Absturz sei. Ich muss dazu sagen, die Antwort des türkischen Friedhofsgärtners war nicht böse gemeint, sondern es lag eher an seinen geringen Deutschkenntnissen, wenn er eine Situation nicht im ersten Moment sofort erfasste. Wir schätzen uns sehr, er ist ein sehr korrekter, liebenswürdiger und herzensguter Mensch. Er betet auch das Vaterunser mit, aus Respekt vor den Verstorbenen. Deshalb war ich über seine Aussage nicht verärgert, sondern nur amüsiert-verwundert.

Als er vom Grab zurückkam, sagte er mir, dass sogar zwei Trittbretter fehlten und er jetzt auch wisse, warum ich ins Grab gefallen war. Ich antwortete ihm, dass ich ihm doch genau das gesagt habe. Er meinte aber, ich hätte es ihm anders geschildert und zum Glück sei er ja noch mal gucken gegangen. Das ließ ich dann einfach mal so stehen, da wir Sargträger nun durch das Lichtsignal in die Trauerhalle gerufen wurden.

Kurz darauf begann der Trauerzug zur Grabstätte. Es dauerte nicht lange, bis wir ankamen. Am Grab sah ich plötzlich in den Gesichtern der Kollegen ein leichtes Schmunzeln. *Warum ausgerechnet jetzt, wo wir nicht mehr lachen konnten?*, wunderte ich mich. Doch dann fiel mein Blick auf das Grab. Darüber lag eine verbogene Eisenstange als stumme Zeugin meines Unfalls.

Nach der Beisetzung kam der Friedhofsgärtner noch einmal auf mich zu und entschuldigte sich bei mir. Er erklärte mir, dass ein Auszubildender den Fehler gemacht habe, er sich aber die

Schuld zuschreibe, da er das Grab nicht kontrolliert habe. Als ich ihm mehrfach sagte, dass alles in Ordnung mit mir sei, versicherte er mir noch, dass er die Eisenstange wieder gerade machen würde.

Ein schmerzhafter blauer Fleck erinnerte mich einige Wochen an meinen Grabsturz. Aber der Gedanke daran zaubert mir noch heute ein Lachen ins Gesicht. Das Einzige, was ich mich allerdings immer noch frage, ist: *Was hat wohl die ältere Dame gedacht? Vielleicht ja, dass sie Zeugin eines Wunders geworden war, sodass sie schnell zum Grab ihres Mannes ging, in der Hoffnung, dass auch er sich aus seinem Grab erhebe? Vielleicht wollte sie aber auch genau das verhindern. Wer weiß das schon?* Jedenfalls hätte ich ihr gerne gesagt, dass es mir leid tat, sie so erschreckt zu haben, und dass ich weder ein Verrückter noch Lockvogel für die „Versteckte Kamera" war.

Im katholischen Katechismus heißt es zur Auferstehung, „dass am Ende das Leben über den Tod, die Wahrheit über die Lüge, die Gerechtigkeit über das Unrecht, die Liebe über den Hass und selbst über den Tod siegen wird". Und ich glaube, dass, wenn wir nach dem Tod eines geliebten Menschen weiter an ihn denken und uns an ihn erinnern, er dadurch nie wirklich sterben wird. Der Körper als unsere Hülle wird vergehen, aber unsere Seele wird dann an einem anderen Ort sein.

Ich durfte in der Vergangenheit in Mexiko den „Día de los muertos" (Tag der Toten) miterleben und finde den Umgang der mexikanischen Bevölkerung mit dem Thema Tod gerade an diesen Tagen für nachahmenswert. Am Tag der Toten, einem der wichtigsten mexikanischen Feiertage, wird traditionell der

Verstorbenen gedacht. Gefeiert wird vom Vorabend von Allerheiligen (31. Oktober) bis zum Gedächtnis Allerseelen am 2. November. Nach altmexikanischem Glauben kommen die Seelen der Verstorbenen einmal im Jahr zum Ende der Erntezeit aus dem Jenseits zu Besuch zu den Familien und feiern gemeinsam mit den Lebenden ein fröhliches Wiedersehen mit Musik, Tanz und gutem Essen. Durch die Vermischung mit dem christlichen Glauben entstand so ein einzigartiges kulturelles Fest, das teilweise die Bräuche des vorspanischen Mexiko weiterleben lässt.

Der Tag der Toten ist keine Trauerveranstaltung, sondern ein farbenprächtiges Volksfest zu Ehren der Toten. Das Gedenken an die Verstorbenen steht also im Vordergrund. In der Nacht zu Allerheiligen wird die Ankunft der verstorbenen Kinder erwartet, der „Angelitos", der kleinen Engel. Und nachdem in der Nacht auf den 2. November die Seelen der verstorbenen Erwachsenen ebenfalls im Haus empfangen wurden, findet abschließend der Abschied von den Verstorbenen auf den Friedhöfen statt. Dort werden mitgebrachte Speisen gegessen, es wird getrunken, musiziert und getanzt. Um Mitternacht ist dann für die Verstorbenen die Zeit gekommen, wieder ins Jenseits zurückzukehren. Das Fest endet, bis die Toten im nächsten Jahr zurückkehren.

Was mich persönlich am meisten beeindruckt, sind die sogenannten „Ofrendas". Und ich finde es sehr schade, dass es diese Tradition nicht bei meinen Eltern zu Hause gab. Die Ofrendas sind traditionelle Totenaltäre oder Gabentische in den Wohnungen und bilden das Zentrum der Feierlichkeiten. Sie sind mit reichlich Speisen und Getränken, Blumen und persönlichen Erinnerungsgegenständen gedeckt. Die Toten sollen sich dort nach ihrer langen Reise aus dem Totenreich stärken und einige der

Gaben wieder mitnehmen. Fotos der Verstorbenen, Kerzen und Weihrauch sollen an die gemeinsamen Zeiten erinnern.

Bei meinen Eltern zu Hause gab es zwar Fotos von Verstorbenen, aber ich habe nichts über sie erfahren. Als Kind fragt man vielleicht mal nach dem Namen eines verstorbenen Familienmitglieds, aber mehr erfährt man meistens nicht. In Mexiko ist das anders, dort steht das Foto des verstorbenen Ururgroßvaters neben einem Stück Schokolade, einem Glas Tequila oder einer Zigarette – neben dem, was die Person zu Lebzeiten gerne zu sich genommen hat. Und dann wird sich über die Person unterhalten, und sie „lebt“ in diesem Moment, an diesen Tagen der Toten, unter den lebenden Verwandten weiter, von Generation zu Generation. So leben die Familiengeschichte und die Geschichte der Freunde im besten Fall immer weiter und man kann den Tod eines geliebten Menschen ein wenig überwinden.

Dabei geht es nicht um ein schmerzhaftes Festhalten und Nicht-loslassen-Können, sondern vielmehr um ein Gedenken. Das Vergessen lässt die Toten sterben und den Tod gewinnen.

5.
Sonne, Wind und Regen

„Wir gingen in Wind und Sonnenschein, wir gingen im Sturm und Regen" – so beginnt ein bekannter Trauerspruch. Wie passend sind diese Zeilen auch für Sargträger. Schließlich ist man immer wieder den unterschiedlichen Witterungsbedingungen ausgesetzt, da nahezu alle Beerdigungen im Freien stattfinden. Ich erinnere mich nur an einen Friedhof in Wuppertal, wo sich das Kolumbarium, in dem die Urnen aufbewahrt werden, in einer Räumlichkeit befindet. Ob es regnet, ob es schneit, ob die Sonne scheint, ob es warm ist oder kalt: Wir müssen die Menschen bei jedem Wetter bestatten.

Bei einer Beerdigung schlug das Wetter sogar so heftig um, dass es schon ein kleines Naturschauspiel war. Der Himmel zog sich immer mehr zu, die Wolken wurden immer dunkler und dichter und ich dachte nur, hoffentlich kommen wir irgendwie trocken durch diese Beerdigung. Aber ausgerechnet diese Beerdigung zog sich enorm in die Länge, weil die Tochter und der Schwiegersohn der Verstorbenen die Beerdigung ohne Pfarrer oder Trauerredner geplant hatten. Stattdessen hielten die beiden die Reden. Es herrschte etwas Chaos, die Struktur fehlte bei ihrer Planung einfach völlig. Irgendwann wurde der Wind immer stärker und der Himmel zusehends dunkler. Es wurde richtig finster. Wir mussten aufpassen, dass uns die Hüte nicht vom Kopf geweht wurden.

Nachdem wir den Sarg auf das Grab gestellt hatten, fing es an zu regnen. Erst leicht, dann immer stärker, bis es wie aus Eimern schüttete. Leider wurden aber immer noch Reden gehalten und es war kein Ende in Sicht. Hier und da wurde sogar nachgebessert und ein „Ach Schatz, du hast da noch was vergessen …" hörte ich mehr als einmal, während es weiter regnete und regnete.

Die Trauergemeinde versuchte sich vor dem Regen zu schützen, die Mantelkrägen wurden hochgeschlagen und der eine oder andere Regenschirm aufgespannt. Wir Sargträger aber standen völlig ungeschützt am Grab, wie ein paar begossene Pudel, bestellt und nicht abgeholt. Ein älterer Kollege, der recht schmal und hager war, wurde sogar von einer Windböe erfasst und wäre fast ins Grab gestolpert. Die Streublumen wehten durch die Luft, aber man sprach immer noch andächtig und langsam weiter. Und es regnete weiter. Unaufhörlich. Dann folgte sogar noch ein langes Gebet. Und der Himmel dachte wohl, er müsse dazu seine Schleusen noch ein wenig mehr öffnen. Mir aber reichte es. Ich war schon jetzt nass bis auf die Unterhose.

Schließlich machte die Tochter der Verstorbenen ihren Mann abermals auf etwas aufmerksam: „Du Schatz, aber den Teil wolltest du doch auch noch vorlesen …“ Gefühlt regnete es mit jedem Wort und Satz noch mehr, obwohl das angesichts der schon vorhandenen Wassermassen schier unmöglich schien. *Ein Zeichen der Verstorbenen*, dachte ich. Nicht als Ausdruck der Trauer für die versammelte Gemeinde, sondern als wolle sie den Hinterbliebenen mitteilen: Bitte, hört endlich auf zu reden und begrabt mich gefälligst!

Bei einer anderen Beerdigung kamen wir auf den Friedhof und der Himmel war schon völlig zugezogen und dunkel. Es sah aus, als würde jeden Moment ein Unwetter losgehen. Wir machten uns auf das Schlimmste gefasst, nämlich dass gleich alle Dämme brechen und es in Strömen regnen würde. Wir gingen mit dem Sarg zum Grab – es war ein langer Weg auf einem großen Friedhof – und schauten immer wieder angespannt hoch zum Himmel. Dann begann es ganz leicht zu nieseln. Am Grab angekommen blies der Wind noch einmal richtig auf, doch dann öffnete sich plötzlich die Wolkendecke. Der Himmel riss auf und die Sonne brach durch. Und es dauerte nicht lange, bis durch das Zusammentreffen von Sonne und Regen ein wunderschöner Regenbogen über dem Friedhof stand. Das war ein sehr schöner Moment. Auch für die Angehörigen hatte es eine symbolische und fast mystische Bedeutung. Wir erfuhren später, dass es vielen so vorkam, als wäre der Verstorbene angekommen und hätte eine Brücke geschlagen, von der Erde bis zum Himmel.

Wenn es tagelang stark regnet, kann es zuweilen passieren, dass Wasser im Grab steht. Nicht nur bedingt durch den Regen, sondern hauptsächlich durch das Grundwasser, das von unten ins Grab drückt. Die Friedhofsgärtner legen dann oft Äste auf die Grabsohle, damit der Sarg beim Ablassen nicht geräuschvoll ins Wasser klatscht und vor allem nicht darin steht, wenn die Angehörigen und Hinterbliebenen sich am Grab verabschieden. Ich habe es tatsächlich aber auch schon erlebt, dass ein Sarg wie ein Boot im Grab schwamm.

Ein anderes Erlebnis bei einer meiner ersten Urnenbeisetzungen war, dass wir die Urne abgelassen haben – und in dem Moment, als wir uns verbeugten, machte es *Blubb*. Wir schauten auf das Urnengrab hinunter und die Urne schwamm wie eine Boje an der Oberfläche des Grabes. Wir sahen uns an, schauten wieder hinunter zur Urnenboje. Ich war kurz davor zu lachen, als ich mir vorstellte, wie die Situation von außen aussehen musste. Aber im nächsten Moment kniete sich mein Kollege hin und drückte beherzt die Urne runter. Es blubberte kurz auf und im nächsten Moment drückte sich das Wasser zwischen Urnenwand und Grabwand durch und spritzte meinem Kollegen ins Gesicht. In diesem Moment brach, wie das Wasser, auch in mir eine Lachsalve aus, die ich zum Glück mit geschlossenem Mund zurückhalten konnte. Tränen schossen mir in die Augen und ich war dankbar, dass mein Kollege schnell aufstand und wir die Trauerfeier verlassen konnten.

Um ehrlich zu sein, habe ich in diesem Moment nicht mehr viel vom Drumherum mitbekommen, mein einziger Gedanke war, nicht zu lachen und so schnell wie möglich zu verschwinden, bevor es peinlich wird. Doch schon unterwegs konnten wir beide uns vor Lachen nicht mehr halten. An der Trauerhalle angekommen, wollten wir noch auf den Bestatter warten, um uns bei ihm zu entschuldigen. Es dauerte eine Weile, bis wir unsere Fassung wiedergewonnen hatten, denn sobald ich meinen Kollegen ansah, huschte mir ein Lächeln ins Gesicht. Selbst jetzt, beim Schreiben dieser Geschichte, muss ich lachen, wenn ich an seinen Gesichtsausdruck am Grab zurückdenke. Es war eine Mischung aus Überraschung, Sauer-Sein und ein wenig Dummheit. Entschuldigung, aber vielleicht kann sich der eine oder die andere vorstellen, was ich meine, und das ist nicht böse gemeint.

Während wir noch weiter auf den Bestatter warteten und uns gerade vorstellten, wie sauer er und die Trauergesellschaft wahrscheinlich auf uns waren, kam er schon auf uns zu. Wir waren bereit. Denn noch bevor er etwas sagen konnte, wollten wir uns bei ihm entschuldigen. Aber auch er konnte sich das Lachen nicht verkneifen und meinte nur, dass alles in Ordnung sei. Die Hinterbliebenen würden sich noch unten am Grab köstlich über die Situation amüsieren, und der Enkel meinte nur, dass das kleine Malheur genau dem Humor des Opas entsprochen habe.

Durch einen lang anhaltenden Regen erlebte ich auch, dass es mal etwas gruseliger und überraschender auf einer Beerdigung zugehen kann. Vor der angesetzten Beerdigung hatte es tagelang nahezu durchgängig geregnet. Der Boden hatte das Maximum an Wasser aufgenommen, alles war matschig. Wir warteten auf das Ende der Trauerfeier, als wir eine Frau in der Nähe des ausgehobenen Grabes bemerkten, die uns plötzlich hektisch zuwinkte. Nicht nur das, sie wollte uns herbeilotsen. Wir sollten zu ihr kommen.

Nichts ahnend und von Neugier getrieben, suchte ich mit einem Kollegen die Frau auf. Als wir näher zu ihr kamen, rief sie uns bereits zu: „Da liegt ein Toter im Grab."

Trocken wie süffisant antwortete mein Kollege ihr: „Noch nicht, aber gleich."

Und obwohl wir schon fast bei ihr waren, rief die Frau uns daraufhin noch energischer zu: „Nein, da liegt schon einer drin."

Unsere Schritte wurden langsamer, und als wir bei ihr standen, meinte sie nur: „Schauen Sie, da liegt schon jemand drin."

Wir traten behutsam an das Grab heran, schauten über die Kante in die Tiefe und sahen: Sie hatte recht. In dem Grab, in dem gleich die Beisetzung stattfinden sollte, war der Arm samt Schulter eines Menschen zu sehen. Hier lag ein Mensch begraben. Im ersten Moment trauten wir unseren Augen kaum. Da lag tatsächlich ein Mensch.

Als wir die Szenerie etwas genauer inspizierten, stellten wir fest, dass die Seitenwand zum Nachbargrab aufgrund des nassen Bodens nachgegeben hatte und teilweise in das noch leere Grab eingebrochen war. Vermutlich ausgelöst durch diese Erdbewegung war der bereits verwitterte Sarg aus dem Nachbargrab gebrochen und hatte den Arm des Leichnams freigelegt.

Wir gaben sofort dem örtlichen Friedhofsgärtner Bescheid, der schließlich kam und sich das Malheur anschaute. Er bat uns, den Geistlichen irgendwie zu benachrichtigen, und wir sollten versuchen, so viel Zeit wie möglich herauszuschlagen, damit er die Möglichkeit habe, alles in Ordnung zu bringen und zu richten. Mit Schalbrettern bestückt machte er sich daran, die Seitenwand des Grabes abzustützen und das Nachbargrab und dessen Leichnam wieder zu verschließen.

In der Zwischenzeit eilten wir in die Kapelle und versuchten dem Pfarrer durch Zeichen zu verstehen zu geben, dass er langsamer predigen sollte. Unsere pantomimischen Versuche missglückten und gingen leider in die völlig falsche Richtung. Er interpretierte sie als Aufforderung, die Trauerfeier schneller beenden zu müssen. Ich entschloss mich daraufhin, im Anschluss die Trauerfeier zu unterbrechen, um mit einer Ansage die Neuigkeiten und die Bitte des Friedhofsgärtners mitzuteilen. Die direkte Ansprache ist doch meistens am einfachsten und unkompliziertesten.

Wir schlichen mit dem Trauerzug förmlich zum Grab, um dem Friedhofsgärtner so viel Zeit wie nur möglich zu verschaffen. Ich persönlich finde es viel anstrengender, langsam zu gehen, als im gewohnten Tempo zu laufen, und so war ich wirklich erleichtert, als sich unser „Bummel-Trauerzug“ endlich dem Grab näherte. Kurz bevor wir ankamen, sahen wir gerade noch, wie der Friedhofsgärtner mit den letzten Werkzeugen in der Hand vom Grab verschwand.

Der Leichnam war wieder in seinem rechtmäßigen Grab. Nun blieb nur noch das mulmige Gefühl, ob die notdürftige und schnelle Reparatur des Friedhofsgärtners denn auch ausreichend tragfähig sein würde, wenn wir die Seitentrittbretter am Grab betraten. Schließlich war uns ja bewusst, dass die Seitenwände zum Nachbargrab weiter einzustürzen drohten.

Ich weiß nicht warum, aber irgendwie fiel die Wahl auf mich „kleine zierliche Gazelle“ und auf zwei weitere jüngere Kollegen, den Sarg an der beschädigten Seite auf das Grab zu tragen und dort abzulassen. Die älteren Kollegen waren der Meinung, wir könnten aufgrund unserer Jugend schneller reagieren und zur Seite wegspringen, sollte noch irgendetwas passieren. Der Meinung war ich zwar nicht, aber der Ältestenrat setzte sich gegen uns junge Küken durch. Selbst mein Argument, dass ich ja noch mein ganzes Leben vor mir habe, stieß auf taube Ohren, und es wurde entkräftigt mit der Begründung, dass meine Knochen schneller heilen. So stand ich nun mit den beiden anderen Jungspunden zu dritt auf der reparierten Seite, die vielleicht wieder einzustürzen drohte. Zum Glück ging am Ende aber alles gut und wir konnten den Sarg ohne weitere Zwischenfällte beisetzen.

Beerdigungen im Hochsommer haben ebenfalls ihre witterungsbedingen Eigenheiten. So kenne ich es an heißen Tagen auch, dass man in seinem schwarzen Anzug nur noch den Schatten sucht, um nicht völlig zu zerfließen. Das Problem bei hohen Temperaturen ist aber nicht nur, dass der ein oder andere Kollege Schweißausbrüche erlebt, sondern auch mit seinem Kreislauf Probleme bekommt und eventuell mit Schwindel zu kämpfen hat. Das liegt oft daran, dass nichts oder zu wenig getrunken wurde und die körperliche Anstrengung in der Sonne altersbedingt einfach zu viel ist. Den Trauergästen geht es da manchmal ähnlich, und ich habe schon den einen oder die andere bei Hitze zusammenbrechen sehen. In solchen Momenten gilt die Aufmerksamkeit dann selbstverständlich wieder mehr den Lebenden als den Toten.

6.
„Der Oma hätte das gefallen“

Die meisten Beerdigungen verlaufen ohne große Vorkommnisse, mit Ausnahme einiger Kuriositäten, von denen ich hier im Buch berichten darf.

Es war die letzte Beerdigung an diesem Tag, davor hatten wir Sargträger schon zwei Beerdigungen von älteren Herrschaften begleitet, die normal verliefen, ohne besondere Vorkommnisse. Wir waren an diesem Tag auf einem Friedhof im Bergischen Land eingesetzt. Das Bergische Land, die Region in Nordrhein-Westfalen zwischen Ruhr, Rhein und Sieg sowie dem Sauerland, hat zwar von der Herkunft ihres Namens nichts mit Bergen zu tun, der Name stammt vielmehr von ihren Namensgebern, den Grafen von Berg, aber dennoch ist der Name Programm: Die Region hat einige Erhebungen und ist ein beliebtes Ausflugs- und Wandergebiet.

Es war ein trockener Apriltag, wir konnten auf unsere Mäntel verzichten und trugen nur ein schwarzes Sakko. Alles verlief normal. Eine ältere Dame war verschieden und es war eine für diesen Anlass normal große Beerdigung mit circa 15 Personen. Die Trauerandacht dauerte etwa eine halbe Stunde, es wurden schöne Worte gefunden, die ein Enkel vortrug. Die Trauergemeinde wirkte zwar traurig, trotzdem war die Stimmung gut. Die Verstorbene war wohl, so bekam ich mit, eine lebenslustige und weltoffene Dame gewesen, die es gut mit ihrer Familie gehalten und nun nach einem erfüllten Leben das Zeitliche gesegnet hatte. Als das Auszuglied „Time To Say Goodbye“ von Andrea Boccelli und Sarah Brightman, ein Klassiker bei Beerdigungen, gespielt wurde, setzten wir Sargträger uns in Bewegung, um den Sarg aus der Trauerhalle zu holen und ihn auf den Katafalkwagen zu stellen.

Wir Sargträger waren ein eingespieltes Team, alles klappte wie am Schnürchen. Wir schritten in die Halle, verbeugten uns vor dem Sarg und trugen ihn durch den Mittelgang zum Katafalk. Der Geistliche und die Trauergesellschaft folgten uns. Als sich alle draußen vor der Halle eingefunden hatten, setzte sich der Trauerzug in gemächlichem Tempo in Bewegung. Wir schoben den Wagen und wussten, dass der Weg zur Grabstätte gleich nach einem leichten Anstieg stetig bergab gehen sollte.

Alle Trauergäste schwiegen. Dennoch hatte ich den Eindruck, dass jeder von ihnen, auch angesichts des frühlingshaften Sonnenscheins, noch einmal vor seinem inneren Auge in den schönsten Erinnerungen an die Verstorbene schwelgte. Ohne eine Pause einlegen zu müssen, geleiteten wir den Sarg zur Grabstelle, die an einem Hang lag.

Wir Sargträger blieben stehen, ebenso der Geistliche und die Trauergesellschaft, und ein Kollege zog die Bremse des Katafalks an. Mit meinen Kollegen tauschte ich ein paar kurze Blicke aus, um uns für das Anheben des Sargs abzustimmen. Mit einem gemeinsamen Ruck hoben wir den Sarg an. Doch gerade als das Gewicht des Sarges nicht mehr auf dem Katafalk lastete, löste sich aus irgendeinem Grund die Bremse des Wagens. Weder ich noch meine anderen Kollegen bekamen das im ersten Moment mit. So hielten wir den Sarg in der Luft, während der Katafalk darunter langsam ins Rollen kam. Ohne reagieren zu können, schließlich trugen wir den Sarg, sahen wir nun vor uns den rollenden Katafalk, der aufgrund des abschüssigen Hangs immer mehr an Fahrt aufnahm.

Was sollten wir bloß tun? Wir vier standen da, zur Salzsäule erstarrt, den Sarg in der Hand, und sahen zu, wie der Katafalk immer schneller wurde. Und hinter uns eine Trauergesellschaft, die sprachlos Zeuge des ganzen Schauspiels wurde: Die Talfahrt des Katafalk!

Immer schneller rollte der Wagen den Berg hinunter, ohne die Spur zu verlieren. Und immer mehr passte sich das Klappern der seitlichen Griffe, die während der Fahrt auf und ab flogen, der Geschwindigkeit an: je schneller, desto lauter. Dann, unten am Ende des Weges und Abhangs, schoss der Katafalk mit einem lauten Knall gegen einen Kantenstein, der den Wagen in die Luft katapultierte. Das „Geschoss“ flog hoch in die Luft und landete sofort krachend in den großen Büschen. Die Äste wackelten noch ein wenig, aber der Wagen war kaum noch zu sehen.

Jetzt herrschte Stille.

Bleierne Stille.

Wir vier Sargträger standen weiterhin wie angewurzelt da, den Sarg in der Hand, und bevor wir entschuldigend irgendetwas sagen konnten, durchschnitt eine Stimme aus der Trauergesellschaft die Stille. Trocken und für alle hörbar rief jemand von hinten: „Der Oma hätte das gefallen!“

Nur einen Atemzug währte noch die Stille, dann brachen fast alle Trauergäste in ein herzliches Lachen aus, das sich mit einigen Schluchzern vermischte. Alle Anspannung und Scham waren verflogen. Ich stellte mir vor, dass die Oma im Sarg bestimmt auch lächeln würde. Und irgendwie hatte ich das Gefühl, im Lachen der Trauernden ganz viel Liebe für die Verstorbene zu spüren.

Danach verlief die Beerdigung wie gewohnt weiter, und nach den letzten Worten ließen wir den Sarg in die letzte Ruhestätte hinab. Als wir uns anschließend vom Grab entfernten, überlegte ich zusammen mit den Kollegen kurz, ob wir noch den Katafalk bergen sollten, was wir aber untereinander mit einem leichten Grinsen und Kopfschütteln verneinten. Wir wollten lieber noch an der Kapelle auf die Angehörigen warten, um uns bei ihnen zu entschuldigen. Die sagten uns dann mit zufriedenen Gesichtern und einem Lächeln, dass die Beerdigung genauso einmalig gewesen sei wie ihre Mutter beziehungsweise Oma. Sie waren uns sehr dankbar für die geleistete Arbeit und dass wir trotz des kleineren Problems die Ruhe bewahrt haben. Und dann erzählten sie uns noch zwei, drei Anekdoten von ihr. Bei jedem Wort spürte ich ihre tiefe Liebe und Verbundenheit mit der Verstorbenen. Und irgendwie sehnte ich mich nach dem Gespräch danach, diese Dame gerne zu Lebzeiten gekannt zu haben.

Was im Gespräch trotz aller positiven Stimmung auch durchschimmerte, waren logische Erkenntnisse und gute Begründungen seitens der Familie. Da war eine tiefe Dankbarkeit darüber, dass sich die alte Dame nicht lange mit ihrer Krankheit herumquälen musste, dass sie ein stattliches Alter erreicht hatte und dass es ihr tiefer Wunsch war, im Alter nicht pflegebedürftig zu werden. Und zugleich spürte ich die tiefe Trauer der Familie über die Riesenlücke, die der Tod dieses ganz besonderen Menschen bedeuten würde.

Oft sieht man bei Beerdigungen an den Gesichtern und der Körpersprache der Hinterbliebenen, dass sie in dem Moment, in dem der Sarg oder die Urne in das Grab hinabgelassen wird, realisieren: Es ist vorbei. Diese Erkenntnis ist ein sehr ehrlicher Moment, ein reiner, fast schon nackter Moment, der die unterschiedlichsten Gefühlswelten offenbart: Trauer, Verzweiflung, Wut, aber auch Erleichterung nach einem vielleicht langen Siechtum des Verstorbenen oder emotionale Überforderung durch die unerwartete Plötzlichkeit des Todes.

Ich empfinde diesen Moment, die Ankunft des Verstorbenen im Grab, so, als ob sie für viele fast wie ein Signal ist und damit der Beginn der Trauer. Der Verstorbene ist bildlich gesprochen in der Welt des Todes angekommen, der Tod ist bei einem selbst im Kopf angekommen, jetzt kann die Trauerarbeit beginnen.

Viele vergessen manchmal, dass sich die Hinterbliebenen nach dem Verlust eines geliebten Menschen völlig neu organisieren müssen. Die gemeinsamen Einkäufe im Supermarkt, der wöchentliche Besuch oder der tägliche Anruf, um zu hören, ob alles in Ordnung ist … All das fällt weg, hinterlässt Lücken – erst recht bei Familienfeiern zu Weihnachten oder Ostern – und vermischt sich mit der Trauer über den schmerzlichen Verlust.

Vielleicht kann ab und an ein Zwischenruf wie „Der Oma hätte das gefallen“ helfen, die tief empfundene Trauer über den schmerzlichen Verlust des geliebten Menschen wohlwollend aufzugreifen und in die Erinnerung an ihn zu führen. Stellen Sie sich doch einmal vor, Sie sitzen das nächste Mal mit Ihrer Familie oder mit Freunden zusammen und rufen beim Kaffeetrinken, beim Spieleabend oder beim Bier: „Dem/Der … hätte das gefallen.“ – Vielleicht prostet Ihnen ja dann Günther, Hedwig, Jürgen, Emma, Klaus, Charlotte, … vom Himmel aus zu.

Der Katafalk hat den Unfall übrigens gut überstanden. Er wurde mit einem Mini-Radlader geborgen und leistet weiter gute Dienste.

7.
Neu dabei und altgedient

Als Neuling unter den Sargträgern, noch dazu deutlich jünger als die anderen, hatte ich bei meinen ersten Diensten natürlich ein mulmiges Gefühl. Aber so geht es sicher vielen, die sich in den ersten Tagen an ihrer neuen Arbeitsstelle erst einmal zurechtfinden müssen. Ich stellte mich vor und wurde von den meisten recht freundlich begrüßt. Das Team war ganz neu zusammengesetzt und es waren viele ältere und erfahrene Kollegen dabei. Einige waren recht stoffelig in ihrer Art. Kleine, griesgrämige Opis mit dem Herzen am rechten Fleck – und das meine ich natürlich mit einem kleinen Augenzwinkern. Gefühlt musste ich mich unter ihnen erst einmal beweisen, oder besser gesagt bewähren, aber das war auch verständlich, schließlich wussten die älteren Herrschaften noch nicht, was mit so einem Neuling alles auf sie zukommt.

Zunächst ging es darum, wer wo tragen sollte: am Kopf, in der Mitte oder am Fußende. Ich sollte in der Mitte anfangen und war darüber sehr verwundert, denn einige der älteren Herren machten einen nicht mehr ganz so fitten und eher schon gebrechlichen Eindruck auf mich. Zwei der Älteren wollten unbedingt am Kopfende tragen, was ja bekanntlich sehr schwer ist. Trotzdem bot ich an, einen dieser Plätze zu übernehmen, damit sie es leichter hätten und sich in ihrem Alter nicht mehr so überanstrengen müssten. Mein Angebot wurde abgeschmettert. Die beiden Herren bestanden darauf, ihre selbst gewählte Aufgabe unbedingt auszuführen, ohne Wenn und Aber. Wie heißt es so schön: Einsicht ist ein offenes Tor zu uns selbst. Und hier war das Tor dreifach verriegelt und verrammelt. So zuckte ich nur mit den Schultern und fand mich damit ab, meine Position in der Mitte des Sarges zu haben.

Die Beerdigung begann ganz normal und wir wurden nach der Trauerfeier in die Kapelle gerufen. Der Sarg stand bereits auf dem Katafalk. Nun war es die Aufgabe der beiden Träger, die das Fußende trugen, den Sarg hinaus ins Freie zu schieben. Wir anderen vier warteten schon draußen. Als der Sarg zu uns kam, gingen wir kurz darauf gemeinsam mit der Trauergesellschaft Richtung Grab. Bis dahin lief alles reibungslos.

Doch als ich den Sarg anhob, merkte ich, dass er ziemlich schwer war. Nicht nur der Sarg an sich, sondern auch der Verstorbene darin wog mehr als sonst. Der eine der beiden älteren Sargträger, der schräg gegenüber von mir am Kopf trug, presste schon die Lippen fest aufeinander und versuchte mit angestrengtem Blick, den Sarg hochzuhieven. Es gelang ihm mehr schlecht als recht.

Am Grab angekommen mussten wir sogar eine kurze Pause einlegen und den Sarg vorzeitig auf den Balken über dem Grab absetzen. Der Kopf des Kollegen war inzwischen hochrot und man merkte, dass er schlechter Luft bekam. Wir warteten kurz und hoben den Sarg noch einmal hoch, um ihn richtig zu positionieren. Kurz darauf bekamen wir das Zeichen, den Sarg in das Grab hinabzulassen. Wir hoben ihn mit den Seilen an, zogen die Balken weg und nun lastete das ganze Gewicht in den Seilen.

Die Augen meines älteren Kollegen wurden immer größer. Er blähte seine Backen auf wie ein kleiner Hamster, der sich die Backentaschen vollgestopft hat. Sein ganzer Körper begann zu zittern. Dann wurde das Zittern immer stärker, bis seine Beine hin und her wackelten. Doch damit nicht genug, mit weit aufgerissenen Augen hörte man ihn nur noch keuchen: „Ab, ab, ab, ab, ab, ab, ab, …“ Ich befürchtete schon das Schlimmste, denn das Gewicht des Sarges hätte ihn mit seinem Körper ohne Weiteres leicht mit in die Tiefe reißen können.

Doch er hielt tapfer durch, ohne das Seil los- oder es durch die Handschuhe rutschen zu lassen, bis der Sarg die Grabsohle erreicht hatte.

Aber das Bild des älteren Sargträgers mit hochrotem Kopf hat sich in mein Gedächtnis eingebrannt. Bis heute muss ich daran denken, weil es so skurril und lustig aussah. Natürlich tat es mir für den Kollegen leid, dass ihm die Kraft fehlte, aber ich musste auch schmunzeln, weil er sich in seiner Engstirnigkeit so überschätzt hatte.

Wir verließen die Grabstätte und unterwegs sagte mein älterer Kollege zu mir, dass doch alles bestens gelaufen sei. Er sei noch so fit und voller Kraft, dass es für kein Problem sei, auch bei den nächsten Beerdigungen weiter am Kopf zu tragen. – Ich ließ ihn in diesem Glauben.

Zwei Beerdigungen später sah er jedoch selbst ein, dass er in seinem Alter wohl besser in der Mitte aufgehoben war.

Dadurch, dass viele Sargträger schon älter sind, arbeiten wir generationenübergreifend, was wirklich schön ist. Die Jungen lernen von den Alten und umgekehrt. Manchmal verhält sich die Arbeit mit den älteren Kollegen aber auch so, als würde man auf eine Gruppe Teenager aufpassen. Die lassen sich nämlich nicht viel sagen und wollen ihren Dickkopf durchsetzen. Wenn man sie zum Beispiel ermahnt, leiser zu sein, wird man als junger Kerl schnell zum Spaßverderber:

„Oliver, wir haben uns immer so laut unterhalten und das machen wir auch weiter."

„Ne, so laut warst du früher nicht, du hast nur besser gehört", antwortete ich.

Darauf kam zurück: „Was sagst du?"

Auch Veränderungen waren oder sind für den einen oder anderen schwierig. Ich erinnere mich noch, als in Wuppertal die ersten Frauen als Sargträgerinnen anfingen. Meine Güte, was war das für ein Gezeter bei den alten Herren. „Frauen sind körperlich nicht in der Lage, diese Arbeit zu tun“, hörte ich da von einem 78-jährigen und nicht mehr ganz fitten Kollegen, bei dem ich schon die Befürchtung hatte, dass er selbst von dem einen oder anderen Einsatz nicht mehr zurückkommen würde.

Mit einem Lächeln auf den Lippen entgegnete ich ihm: „Stimmt, so ein Herkules wie du, muskulös und mit vollem Haar, das sind sie natürlich nicht. Aber du kannst sie auf deinen starken Armen tragen.“

Darüber musste er selbst lachen und merkte, dass er mit seinem Gezeter über die neuen Kolleginnen etwas über das Ziel hinausgeschossen war. Aber als die Kolleginnen dann vor Ort waren, waren meine älteren Kollegen die galantesten und charmantesten Herren, die man sich nur vorstellen konnte.

Tatsächlich gab es auch bei einigen Bestattern Vorbehalte gegen Sargträgerinnen. Es herrschte nämlich vornehmlich die Meinung, der perfekte Sargträger an sich müsse ein seriöser, graumelierter älterer Herr sein. Doch dieses Klischee konnten die Frauen, mit denen ich gearbeitet habe, schnell aus dem Weg räumen.

Es war auch schön zu erleben, was junge Leute, vor allem Studenten, die Sargträger sind, von den „alten“ Kollegen gelernt haben, und zwar nicht nur über das Sargtragen, sondern über das Leben an sich. Denn was viele von ihnen mit Anfang zwanzig vergessen, ist, dass die Alten auch mal jung waren. Und dass sie die Lebensprobleme, die ein junger Mensch heute hat, schon erlebt und hinter sich gebracht haben. Sei es das Examen, der Start ins

Berufsleben, die erste eigene Wohnung, die große Liebe, schmerzhafte Trennungen oder wilde Partys.

Die 68er sind nun diejenigen, die alt geworden sind. Sie haben die Zeit der Freiheit, der Liebe und des Rock'n'Roll erfunden. Und an diese ältere Generation geht der Appell: Vergesst nicht, dass ihr auch mal jung wart. Und kommt nicht mit dem Satz: „Früher war alles besser." – Es war nur anders, nicht besser.

Nur eines war vielleicht wirklich besser, was die Sargträger betrifft: Früher gab es mehr von ihnen. Heute wird vielerorts händeringend nach Nachwuchs gesucht. Ich kann nur sagen: Das Miteinander der Generationen ist ein Schatz für sich in diesem Dienst. Und dass man als Neuer erst einmal seinen Platz an den Griffen in der Mitte hat, rechts und links umgeben von den Älteren, ist neben der Einführung in das Sargtragen auch symbolisch ein schönes Bild generationenübergreifender Geborgenheit.

8.
Von Seilen und Sargversenkern

Vom Bestatter wurde ich zusammen mit fünf anderen Kollegen zu einer Sargbestattung auf den Friedhof gerufen. Wir trafen uns an der Trauerhalle, und nach und nach versammelten sich die Angehörigen vor Ort. Wir schauten uns noch einmal in Ruhe das Grab an, es war nicht weit entfernt. Den kurzen Weg mit dem Katafalk zurückzulegen, war also kein Problem. Auch sonst war alles bestens vorbereitet. Wir warteten also letztlich nur noch auf das Zeichen, den Sarg aus der Halle zu holen, ihn zum Grab zu geleiten und ihn dort zu bestatten.

Das Foto in der Trauerhalle zeigte eine ältere Dame und wir wussten, dass der Sarg deshalb nicht so schwer sein konnte, zumal er aus eher leichtem Material bestand. Kurz zur Erklärung: Oft ist es so, dass wir anhand des aufgestellten Fotos schon erkennen können, was auf uns beim Sargtragen zukommt. Eine ältere Dame, die vielleicht schon etwas gebrechlich war, wiegt natürlich weniger als ein jüngerer, männlicher Verstorbener, der beispielsweise schon mit Mitte 40 von uns gegangen ist. Auch am Sarg lässt sich das zu erwartende Gewicht nach langjähriger Erfahrung abschätzen. Wie bereits erwähnt, wiegt ein massiver Sarg aus Eiche mehr als ein filigraner aus Fichten- oder Tannenholz.

Gelegentlich erhalten wir vom Bestatter auch weitere Informationen, zum Beispiel über die Todesursache des Verstorbenen. Ein Mensch, der an einem Krebsleiden gestorben ist, das seinen Körper ausgezehrt hat, wird weniger wiegen als jemand, der bei einem Autounfall ums Leben gekommen ist. Wahrscheinlich würden die Sargträger bei meiner Beerdigung eher dicke Backen machen und große Augen bekommen, wenn sie jetzt meinen Sarg tragen müssten.

Ich war einmal bei der Beerdigung eines Landwirtes, da hatte der Sarg Überlänge und Überbreite. Der Verstorbene wog fast

200 Kilo und war über zwei Meter groß. Am Sarg selbst waren zwei zusätzliche Griffe befestigt worden, damit wir ihn mit acht statt sechs Trägern heben konnten. Es war unglaublich schwer, den Sarg zu manövrieren und in das Grab hinabzulassen, denn die Erdanziehungskraft wollte unsere Arbeit schneller beenden. Wir mussten uns erheblich gegen das Gewicht des Sarges stemmen und wie immer aufpassen, dass uns das Seil nicht durch die Finger rutscht. Das kann vor allem im Sommer leicht passieren, wenn die Seile sehr trocken sind und man mit den Handschuhen keinen vernünftigen Halt bekommt. Dann hilft es, die Handschuhe vorher etwas anzufeuchten. Am Ende haben wir den Verstorbenen sicher begraben und der Bruder des Verstorbenen hat uns ein herzliches Dankeschön und ein sehr großzügiges Trinkgeld gegeben.

Wir fuhren also den Sarg mit dem Katafalk aus der Trauerhalle zum Grab und die Trauergemeinde folgte uns. Die Tochter der Verstorbenen wirkte sehr mitgenommen und ließ ihrer Trauer freien Lauf. Sie weinte herzzerreißend, was mir sehr naheging. Doch wie in vielen anderen Berufen auch, in denen man mit Menschen zu tun hat, ist es wichtig, eine gesunde Distanz zu der Situation zu finden, professionell damit umzugehen und sich nicht alles zu Herzen zu nehmen. Wir haben den Sarg, der wirklich sehr leicht war, angehoben und auf die Grabstelle gestellt. Ich sah, dass der Bestatter sich in der Nähe der Grabstätte aufhielt, um alles gut im Blick zu haben. Dann bekamen wir das Zeichen, wir hoben den Sarg hoch, zogen die Balken weg und ließen den Sarg langsam in das Grab hinab.

In dem Moment gab es plötzlich einen lauten Knall und mein Kollege, der mir gegenüber stand und mit mir das Kopfende getragen hatte, fiel nach hinten. Er lag am Boden, wie ein Käfer auf dem Rücken, auf dem Nachbargrab. Alle Anwesenden waren erschrocken über den lauten Knall und im nächsten Moment weinte die Tochter laut auf. Ich versuchte, mir erst einmal einen Überblick über die Situation zu verschaffen, und sah nach meinem gefallenen Kollegen. In seinen Händen hielt er ein Stück des Seils, das mit einem lauten Knall gerissen war. Auf dem Rücken liegend stammelte er, sichtlich erschrocken, immer wieder: „Ich hab es, ich hab es."

Glücklicherweise befand sich der Sarg beim Ablassen bereits im unteren Drittel des Grabes, als das Seil riss, und hatte sich nur leicht verkantet, ohne umzukippen. Mein Kollege, immer noch am Boden liegend, stammelte monoton vor sich hin: „Ich hab es, ich hab es, ich hab es ..."

Der Bestatter beobachtete das Schauspiel mit großen Augen und wusste gar nicht so recht, wohin er zuerst gehen sollte, um uns in dieser misslichen Lage zu helfen. Er kümmerte sich dann um den gestürzten Kollegen, dem zum Glück bis auf einen kleinen Schock nichts weiter passiert war. Ich zog die Seile aus der Mitte heraus und ging mit ihnen Richtung Kopfende, sodass wir den Sarg mit Hilfe der anderen Kollegen noch einmal neu ausrichten konnten und er nun gerade im Grab stand. Da beruhigte sich auch die Tochter langsam wieder und schluchzte nur noch leise vor sich hin.

Der gefallene Kollege, der sich mittlerweile wieder berappelt hatte, hielt immer noch das Seilstück in seinen Händen. Auf meine Frage, ob alles in Ordnung sei und er sich denn verletzt habe, hielt er das Seil hoch und sagte trocken: „Ich hab es!" Er war immer noch völlig geschockt von der Situation und konnte erst nach und nach wieder einen klaren Gedanken fassen. Er kam zu uns, reihte sich ein und wir verbeugten uns am Grab. Dann ging er, immer noch das Seil fest in der Hand haltend, mit uns zusammen ab. – Ja, er hatte es, definitiv!

Wie in jedem anderen Beruf sind auch wir Sargträger auf gutes und funktionierendes Werkzeug angewiesen. Seien es vernünftige Seile oder Taue, um den Sarg in die Tiefe zu lassen, oder auch Reifen, die ausreichend mit Luft befüllt sind, um das Gewicht des Katafalks samt Sarg bewegen zu können. Ist das nämlich nicht der Fall, kann der Weg zum Grab endlos lang erscheinen und jede noch so kleine Steigung, jeder noch so kleine Berg zur kräftezehrenden Herausforderung werden. Schließlich schiebt man nicht nur den Sarg, sondern auch das Gewicht des Katafalks, der aus einer Stahlrohrkonstruktion besteht.

Ähnlich verhält es sich, wenn man mit einem Sargversenkgerät arbeitet und dieses nicht funktioniert. Sargversenker sind spezielle Vorrichtungen, die verwendet werden, um Särge in den Boden zu senken. Sie werden in der Regel bei Beerdigungen eingesetzt, um den Sarg langsam und besonders würdevoll in das Grab abzusenken. Sie bestehen aus einem Gestell oder einer Plattform, die den Sarg trägt, und einem Mechanismus, der es ermöglicht, den Sarg kontrolliert abzusenken. Diese Vorrichtungen werden von Bestattungsunternehmen oder Friedhöfen bereitgestellt und dienen dazu, den Bestattungsvorgang zu erleichtern und eine angemessene und besonders pietätvolle Beerdigung zu vollziehen.

Der Vorteil einer solchen Versenkanlage ist, dass nur vier Sargträger erforderlich sind, um den Sarg auf die Vorrichtung zu stellen. Das Absenken des Sarges geschieht dann ohne Kraftaufwand für uns Träger. Der Nachteil ist allerdings, dass es – wie bei allen technischen Geräten – auch mal kleine oder größere Aussetzer geben kann. Das kann schon mal dazu führen, dass sich der Mechanismus gar nicht löst und der Sarg über dem Grab „schwebt“ oder sich beim Abstellen des Sarges gänzlich löst und den Sarg urplötzlich nach unten ins Grab sausen lässt.

Besonders spannend wird es auch, wenn sich der Mechanismus nur sehr, sehr langsam bewegt und der Sarg wie in Zeitlupe in das Grab versenkt wird. So langsam, dass die Trauergesellschaft schon Kaffee und Kuchen zu sich nehmen kann. Wenn sie zurückkommt, hat der Sarg vielleicht dann seine Endposition erreicht.

Solch ein Sargversenker kann eine Arbeitserleichterung sein, aber ich bin eher ein Freund von sechs „Sargversenkern" aus Fleisch und Blut, die gemeinsam den Sarg in die Erde führen. Menschen, die die Situation mitfühlen und buchstäblich mittragen, die dem Toten das letzte Geleit geben, die sich ehrfurchtsvoll verbeugen und – mit all ihrer Kraft – einen Menschen an Seilen halten („Ich hab es") und letztlich – im wahrsten Sinne des Wortes – loslassen müssen, bis dieser aus der Welt der Lebenden Eingang ins Grab gefunden hat. Ein Bild, das für mich in vielerlei Hinsicht Bände spricht.

9.
Ein Engel geht auf Reisen

Die Beerdigungen, über die ich hier schreibe, sind mir aus unterschiedlichen Gründen sehr in Erinnerung geblieben. Manche auf eine skurrile und lustige Weise, andere durch ihre Traurigkeit und ihr Schicksal.

Das folgende Begräbnis hörte sich für mich zunächst nach einem ganz normalen Einsatz, sprich nach einer ganz gewöhnlichen Beerdigung an. Ich war pünktlich am Friedhof, wunderte mich aber, dass dort schon so viel los war. Der Parkplatz war voll, es herrschte eine rege Betriebsamkeit, und ich sah eine recht große Anzahl an Trauergästen, die in Richtung der großen Trauerhalle ging. Es war eine junge Trauergemeinde mit auffällig vielen Kindern. Im ersten Moment war ich bloß etwas erstaunt darüber, dachte mir aber nichts weiter dabei.

Von meinem Parkplatz aus konnte ich den Eingang der großen Trauerhalle erblicken und sah, dass dieser mit vielen bunten Luftballons, Blumen und Bildern ausstaffiert und geschmückt war. In diesem Moment überkam mich ein seltsames Gefühl. Ich dachte gleich: *Hoffentlich wird kein Kind beerdigt.*

Bis zu diesem Zeitpunkt hatte ich noch kein Kind beerdigt und hatte auch bei meinen Vorgesetzten darum gebeten, dies möglichst in meinem Dienstplan außen vor zu lassen. Ich wollte es schlichtweg vermeiden. Da ich selbst Vater einer Tochter bin, war ich mir nämlich unsicher, wie ich die Beerdigung eines Kindes emotional verkraften würde, und hatte sehr großen Respekt vor der Aufgabe. Und ja, auch Angst, als Außenstehender, auf den aber alle Augen gerichtet sind, in einem unpassenden Moment von meinen eigenen Gefühlen überwältigt zu werden.

Nachdem ich ausgestiegen war, meine Schuhe gewechselt und das Jackett meines Arbeitsanzugs angezogen hatte, richtete ich die Krawatte, überprüfte den korrekten Sitz des Hemdes und begab mich mit einem unguten Gefühl Richtung Trauerhalle. Auf dem Weg dorthin kam ich an vielen Erwachsenen mit Kindern vorbei, die alle sehr traurig aussahen. Mir fiel auf, dass die meisten Kinder etwa gleich alt wie meine Tochter waren und sehr die Nähe ihrer Eltern suchten. Die Leichtigkeit, die Kinder für gewöhnlich in diesem Alter versprühen, war wie weggeblasen. Und da wurde mir mit jedem Schritt in Richtung des Aufenthaltsraums von uns Trägern klar, dass wir gleich ein Kind beerdigen werden und dieses sehr wahrscheinlich im Alter meiner geliebten Tochter gestorben ist. Matilda war zu der Zeit sieben Jahre alt.

Als ich in den Trägerraum kam, empfingen mich dort drei ältere Kollegen, die mir mitteilten, dass es sich bei der Verstorbenen tatsächlich um ein siebenjähriges Mädchen handelte. Und vom Bestatter erfuhren wir sogleich mehr über den gewünschten Ablauf der Beerdigung. Er sagte uns, dass der Sarg noch geschlossen werden müsse, da die Angehörigen am offenen Sarg Abschied nehmen wollten, und wir anschließend zu viert den Sarg vor der Trauergemeinde aufstellen sollten. Nach der Trauerfeier sollten dann zwei von uns den Sarg gemeinsam mit dem Vater und dem Großvater des Kindes zum Grab tragen. Die beiden anderen Kollegen sollten sich als Ersatzträger bereithalten, falls einer der beiden Angehörigen emotional oder körperlich nicht mehr in der Lage sein sollte, den schweren Gang zu gehen.

Wir vier wurden ganz still. Wir hörten die Wünsche der Angehörigen beziehungsweise die Anweisungen des Bestatters, fühlten uns aber von der Situation ein wenig überrollt. Niemand hatte uns vorher Bescheid gesagt, dass heute ein Kind beerdigt wird. In mir kam Wut über diese unvorbereitete Situation auf, aber wenn ich ehrlich bin, war es nicht Wut, sondern einfach Angst vor der gestellten Aufgabe und dass ich mich ihr nicht mehr entziehen konnte. Ich bin ehrlich: Hätte ich das vorher gewusst, hätte ich den Einsatz nicht angenommen. Ich fühlte mich hilflos und spürte, wie der Gedanke an meine eigene Tochter in meinem Kopf immer mehr Platz einnahm.

Meine drei älteren Kollegen wussten, dass ich eine Tochter in dem Alter habe. Da war es für sie selbstverständlich, dass zwei von ihnen die Aufgabe übernahmen, den offenen Sarg zu schließen. Dafür bin ich ihnen heute noch sehr dankbar! Denn ich habe bislang keine Antwort auf die Frage gefunden, ob ich es tatsächlich geschafft hätte, die Nerven zu behalten und den Sargdeckel mit Blick auf das tote Kind zu schließen. Selbst mit Abstand, nach dem Erleben dieser Beerdigung, kann ich die Frage, ob ich „funktioniert" hätte, immer noch nicht beantworten.

Der Vorplatz und auch die Zuwege Richtung Halle füllten sich mit immer mehr Trauergästen. Junge wie ältere Menschen, jedes Alter war vertreten. Viele brachten Blumen, Kuscheltiere und Spielsachen als letzten Gruß für die kleine Verstorbene mit. Aufgrund der zu erwartenden großen Anzahl an Gästen sollte die Trauerfeier vor der Halle stattfinden. Also halfen wir dem Bestatter, die Kränze, Blumengestecke und Luftballons noch einmal so zu arrangieren, dass möglichst viele Platz fanden.

Obwohl zahlreiche Kinder unter den Trauergästen waren, blieb es erstaunlich ruhig. Viele der versammelten Menschen verharrten in Stille, teilweise Arm im Arm, um sich gegenseitig zu stützen.

Das Foto des verstorbenen Kindes wurde dann auf eine Staffelei gestellt. In diesem Moment bekam die Trauerfeier ein Gesicht. Auch wenn es jetzt für den einen oder die andere komisch klingen mag, aber ich war überrascht, denn das Mädchen auf dem Foto sah aus wie ein ganz normales Mädchen in seinem Alter. Ich weiß nicht mehr, ob ich etwas anderes in diesem Moment erwartet habe, ich weiß nur noch, das Foto erschreckte mich. Weil es mir wieder einmal vor Augen führte, dass der Tod jeden von uns jederzeit ereilen kann, er nimmt keine Rücksicht auf das Alter.

Ich atmete tief durch, um mich kurz zu sammeln und nicht weiter in meinem Gedankenkarussell mitzufahren. Danach habe ich einfach funktioniert und versucht, den Ablauf der Beerdigung so gut wie möglich zu gestalten. Das ist mir bei jeder Beerdigung ein persönliches Anliegen, aber bei dieser Beisetzung, in diesem Moment, war es mir wie auch meinen Kollegen, das sah man uns richtig an, ein besonderes Herzensanliegen.

Ich war nun sehr konzentriert, sehr ruhig und habe versucht, so professionell wie möglich zu sein, um gemeinsam mit meinen Kollegen den Eltern das Gefühl zu geben, dass sie sich um den Ablauf der Beerdigung keine Gedanken machen müssen und dass wir ihnen würdevoll auf den letzten Metern ihres Kindes zur Seite stehen. Sicher haben sie in dieser Situation nicht an uns gedacht. Wer verschwendet schon einen Gedanken an unbekannte Sargträger, wenn um einen geliebten Menschen, in diesem Fall sogar das eigene Kind, getrauert wird? Aber wir waren mit unseren Gedanken ganz bei ihnen.

Nachdem das Bild auf der Staffelei stand, sollten wir den Sarg aus der Trauerhalle nach draußen holen, um ihn dort aufzustellen. Nun sah ich zum ersten Mal in meinem Leben einen Kindersarg. Der Sarg war weiß und etwa 130 cm lang. Er sah aus wie ein ganz normaler Sarg, nur kleiner, und hatte vier Griffe, an denen wir ihn hinaustrugen. Wir hoben ihn hoch. Das Gewicht des kleinen

Körpers fühlte sich natürlich leicht an, aber emotional lastete die Situation unglaublich schwer auf uns.

Zu viert trugen wir den Sarg vor die Trauerhalle und stellten ihn auf dem vorgesehenen Platz ab. In dem Moment war es mucksmäuschenstill, die Trauergäste schwiegen betroffen. Anschließend begann die Trauerfeier, wir zogen uns zurück, standen etwas abseits und verharrten dort in Stille und Anteilnahme.

An die Zeremonie selbst kann ich mich nicht mehr erinnern, aber ich weiß, dass ich von Beginn an die ganze Zeit an meine eigene Tochter gedacht habe. Nur ein Satz, den der Geistliche sagte, als die Trauerfeier zu Ende ging, ist mir im Gedächtnis geblieben. Ich finde ihn wunderschön: *„Jetzt geht der Engel auf Reisen."*

Die hinterbliebenen Eltern tröstete er in diesem Moment wohl kaum, aber vielleicht können sie ja, wenn sie sich später an die Trauerfeier zurückerinnern, daraus für sich etwas Trost ziehen, hoffte ich. Daran zu glauben, dass ihr Kind vielleicht als Engel auf Reisen geht und dass nur der Körper ihrer geliebten Tochter leblos im Sarg liegen bleibt. Für mich persönlich war dieser Gedanke sehr tröstlich.

Nachdem die letzten Worte gesprochen waren, erklang Musik und ein Kollege und ich schritten zum Sarg. Dort angekommen verbeugten wir uns vor dem weißen Sarg und räumten einige Gestecke beziehungsweise Kränze beiseite, um den Weg frei zu machen für den letzten Gang zum Grab. Nun standen der Vater und der Großvater von ihren Plätzen auf und ich reichte jedem von ihnen ein Paar weiße Handschuhe. Ich erklärte ihnen noch einmal kurz, dass zwei Kollegen den Trauerzug begleiten würden und diese jederzeit einspringen könnten, um ihnen den Sarg abzunehmen, wenn sie nicht mehr die körperliche oder emotionale Kraft hätten, ihn weiterzutragen. Eigentlich wird der Sarg heutzutage ja auf einen Katafalkwagen gestellt, um ihn damit zum Grab zu fahren, aber in diesem Fall verhielt es sich anders: Die Eltern und Großeltern hatten explizit darum gebeten, den Sarg zum Grab zu tragen.

Wir hoben den Sarg hoch und begaben uns auf den letzten Gang des kleinen Mädchens, mitten durch die Trauergemeinde hindurch in Richtung Grabstätte. Die Blicke der anwesenden Trauergäste senkten sich und ich sah viele Tränen leise die Wangen hinunterlaufen. Im Hintergrund spielte Musik aus den Boxen. Vorne gingen die beiden Kollegen mit dem Geistlichen, dann folgten wir vier mit dem Sarg und dahinter die Mutter mit der Trauergemeinde. Ein Kollege trug den Sarg zusammen mit dem Vater am Fußende und ich mit dem Großvater am Kopfende. Mein Blick richtete sich nach vorne auf den Weg, aber meine Augen wanderten auch gelegentlich hinüber zum Vater und Großvater, ob ihre Kraft noch reichte, den Weg weiterzugehen.

Der Kindersarg war nicht schwer, aber auf dem Weg zum Grab wurde er immer schwerer. Emotional konnte ich nur erahnen, wie schwer die Last für die beiden war. Die Griffe zogen auch mit der Zeit in den Händen, die wir vier unterwegs nicht wechseln konnten. Allmählich sah ich, wie die Kraft beim Großvater langsam, aber stetig nachließ. Mit jedem Schritt wurde der Sarg schwerer und schwerer. Mein Blick ging nun immer öfter in seine Richtung und ich fragte ihn: „Möchten Sie, dass der Kollege übernimmt?" – Er verneinte. Er wollte unbedingt seine Enkelin zu Grabe tragen. Ich schlug daher vor, dass wir für einen Moment anhalten, ein Kollege ihm den Sarg abnimmt und diesen hält, damit er einmal kurz durchatmen konnte. Mit glasigen Augen und erschöpftem Gesichtsausdruck nickte der Großvater mir zu und ging auf meinen Vorschlag ein.

In der kurzen Verschnaufpause fiel mir der Satz ein: „Niemand sollte sein Kind zu Grabe tragen.“ Weder Mutter noch Vater. Und ich dachte mir, erst recht nicht sein Enkelkind.

Der ältere Herr atmete noch einmal tief durch und signalisierte uns, dass er wieder bei Kräften war, um seine Enkelin die letzten Meter zu ihrer Grabstätte zu tragen. Und er hielt durch.

Am Grab angekommen stellten wir den Sarg auf den beiden Balken darüber ab, und Vater wie Großvater traten ein paar Schritte zurück. Mit einem stummen Kopfnicken bedankten sich beide bei uns und reihten sich neben ihren Angehörigen ein. Meine beiden Kollegen übernahmen nun ihre Plätze. Wir vier standen mit gesenktem Blick am offenen Grab und erwarteten die letzten Worte. Währenddessen hörte man die Mutter immer wieder laut aufschluchzend weinen. Es klang so herzzerreißend, so voller Trauer. Ich musste mich sehr zusammennehmen, um nicht selbst zu weinen.

Ich bin sonst nicht so nah am Wasser gebaut. Wenn ich bei jeder Trauerfeier eine emotionale Achterbahn erleben und mitweinen würde, wäre Sargträger zu sein sicher die falsche Aufgabe für mich. Aber dieses verstorbene Mädchen, das im gleichen Alter war wie meine eigene Tochter, ließ mich meine innersten Ängste spüren: die Angst davor, das eigene Kind zu verlieren. Und ich glaubte, einen winzigen Bruchteil des Schmerzes erahnt und gespürt zu haben, den diese Eltern zutiefst empfanden. Das machte mich ängstlich wie traurig.

Kurz darauf sprach die Geistlichkeit die letzten Worte am Grab. Anschließend bekamen wir das Zeichen, den Sarg abzulassen. Wir hoben den Sarg hoch, eine Mitarbeiterin des Bestattungsunternehmens zog die Balken weg, und in dem Moment, als wir den Sarg gerade an den Seilen ablassen wollten, schrie die Mutter laut weinend auf, schnellte nach vorne und klammerte sich an den Sarg. Sie hielt ihn fest. Wir waren im ersten Moment mehr als überrascht und hatten wirklich Glück, den Sarg noch gerade so halten zu können, dass er nicht abrutschte, wir stürzten oder sonst etwas passierte. Die Mutter konnte und wollte nicht loslassen, im wahrsten Sinne des Wortes.

Nun trat der Ehemann hinzu, beugte sich über seine Frau, versuchte sie zu beruhigen und ihre Hände zu lösen. Er selbst weinte auch und sagte: „Bitte Schatz, lass los!“ Und dann flehte er immer wieder: „Bitte!“ Die Szene war herzzerreißend. Auch viele Trauergäste, die vorher noch nicht geweint hatten, hörte man nun schluchzen und weinen.

Dann löste die Mutter ihren Griff und ließ den Sarg langsam los. Die beiden blieben dicht am Rand, während wir nun den Sarg in die Tiefe hinablassen konnten. Dann verbeugten wir uns und machten uns mit gesenktem Blick auf den Weg, die Grabstätte zu verlassen. Ein leises „Danke!“ riss mich aus der Situation. Mein Blick ging zur Seite. Der Großvater sah mich an und sagte mit einem Kopfnicken noch einmal leise: „Danke!“

Wir gingen schweigend an der Trauergesellschaft vorbei zurück zur Trauerhalle. Dort angekommen bedankte sich der Bestatter bei uns für die geleistete Arbeit. Wir halfen ihm, die Kränze, Gestecke, Luftballons und Kuscheltiere wegzuräumen, damit sie später auf das Grab gelegt werden konnten. Dabei schwiegen wir weiter. Nur das Nötigste, ob dies oder jenes mit aufs Grab soll, wurde zwischen uns gesprochen. Beim Aufräumen fiel mein Blick ab und zu auf das Foto des jungen verstorbenen Mädchens.

Zum Schluss wünschte ich dem kleinen Engel eine gute Reise und verabschiedete mich von ihm beziehungsweise dem Mädchen.

Als ich mich in mein Auto setzte, fing ich an, hemmungslos zu weinen. Es brach alles aus mir heraus: die Trauer um die kleine Verstorbene, die Wut darüber, nicht vorab über die Beerdigung eines Kindes informiert worden zu sein, die Wut über den wieder einmal nicht fairen Tod, die Angst davor, in einer solchen Situation genauso hilflos zu sein wie diese Eltern und die Liebe zu meiner Tochter. In dem Moment herrschte totales Chaos in meinem Kopf, das gerade Erlebte zu verarbeiten.

Vielleicht denkt jetzt der eine oder die andere, dass ich übertreibe, dass ich mich nicht so anstellen soll und dass der Schmerz der Hinterbliebenen schließlich viel größer ist. Natürlich ist der Schmerz dieser Eltern und Angehörigen viel größer und nur zu einem Bruchteil nachvollziehbar. Wenn man das überhaupt kann, ohne solch einen Verlust je selbst erlebt zu haben. Aber diese Beerdigung hat mich nicht nur eiskalt erwischt, sondern auch emotional sehr mitgenommen. Ich fühlte mich wie überrollt.

Vom Auto aus rief ich meine Freundin Julia an und erzählte ihr davon, was ich gerade erlebt hatte. Dabei schimpfte ich zunächst wie ein Rohrspatz darüber, dass ich nicht informiert worden sei, meine Dienststelle wisse doch, dass ich keine Kinder beerdigen möchte und es auch nicht wieder tun werde. Julia hörte sich das alles in Ruhe an und sagte dann, dass sie es nicht gut fände, wenn ich keine Kinder mehr beerdige.

In diesem Moment fühlte ich mich völlig unverstanden. Ich wollte schon so etwas sagen wie, dass sie doch keine Ahnung habe und nicht wüsste, wovon sie spricht. Aber etwas hielt mich davon ab, genau das verbal herauszupoltern, und ich hörte mir ihre Begründung an. Sie meinte, sie könne meine Angst und meine Überforderung verstehen, aber wenn jetzt alle so denken und reagieren würden … Wer sollte es dann machen? Sollten die Eltern dies auch noch auf sich nehmen? Sollte man die Eltern in dieser Situation allein lassen? Oder ist es nicht besser, sie durch diesen kleinen Dienst zu unterstützen und ihnen vielleicht dadurch zu helfen, auch wenn es einem selbst im ersten Moment schwerfällt?

Ihre Worte trafen bei mir den richtigen Nerv und ich erinnerte mich an das „Danke“ des Großvaters. Ich bedankte mich bei Julia für ihre klaren und ehrlichen Worte und beendete das Telefonat.

Auf der Fahrt nach Hause dachte ich noch viel über das Erlebte nach und konnte die Situation mehr und mehr reflektieren. Die unvorbereitete Situation und die Beerdigung waren für mich emotionale Überforderung pur, aber im Nachhinein bin ich dankbar für das Erlebte und an der Situation gereift.

Ich habe nach dieser Beerdigung meine zuvor getroffene Entscheidung überdacht und mittlerweile einige Kinder beerdigt: „Sternenkinder“, Babys in kleinen Särgen, die man zu zweit trägt; Vorschulkinder, die durch Krankheit aus ihrem jungen Leben gerissen wurden, und auch Teenager, die des Lebens überdrüssig waren. Und ich kann sagen, bei allem Schmerz und aller Trauer, die man bei den Hinterbliebenen spürt, sieht man auch die Dankbarkeit in ihren Augen, dass wir ihnen auf den letzten Metern dabei helfen, ihre Engel auf Reisen zu schicken.

Drei Frauen, drei Generationen und ihre Gedanken zum Tod

Ich glaube, dass die Seele weiterlebt

„Ich glaube, der Tod ist keine Gestalt, er ist eher wie Luft, die man ja auch nicht sehen kann, und er kommt, wenn das Leben vorbei ist."

Hast du Angst vor dem Tod?

„Das hängt davon ab, wie alt man ist. Wenn man jetzt 90 Jahre alt ist und weiß, dass man unglaublich viel erlebt hat, dann hätte ich keine Angst. Aber wenn mir jemand sagen würde, dass ich morgen sterbe, dann hätte ich Angst, weil ich die Welt noch nicht erkundet habe und noch nicht so viel weiß. Ich hätte noch nicht genug gelebt.

Ich kann mir gar nicht vorstellen, wie es ist, wenn meine Familie und die Menschen, die ich liebe, aus meinem Leben verschwinden. Ich kann nicht in Worte fassen, wie ich mich dann fühlen würde. Bisher sind nur Menschen gestorben, mit denen ich nicht so viel zu tun hatte.

Ich glaube, dass die Seele weiterlebt, wenn man stirbt. Ich kann mir zum Beispiel gut vorstellen, dass die Seele eines Tieres in einem Menschen wiedergeboren wird und umgekehrt."

Matilda, 11 Jahre

10. Nicht Homeoffice, sondern Home-Funeral

Der Corona-Lockdown war nicht nur für mich persönlich als Schauspieler ein einschneidendes Erlebnis, sondern auch für mich und uns als Sargträger eine große Herausforderung. Als Schauspieler traf es mich insofern, dass ich nur die Premiere eines Theaterstückes spielen durfte. Danach wurden die Theater geschlossen. Das war nicht schön, aber wir erinnern uns alle an die Einschränkungen durch die Schließungen während der Covid-19-Pandemie.

Als Sargträger verhielt sich das noch einmal anders, denn auf den verschiedenen Friedhöfen galten auch verschiedene Regelungen. Aber nicht nur in den verschiedenen Bundesländern oder den verschiedenen Städten oder Gemeinden, nein, sie waren tatsächlich auch von Friedhof zu Friedhof unterschiedlich, und irgendwann wusste keiner mehr so richtig, was nun galt oder eben nicht. Erst waren gar keine Trauergäste erlaubt, dann nur eine begrenzte Anzahl und dann waren Trauerfeiern wieder ohne Einschränkung gestattet. Einig war man sich jedoch, dass alle Trauerfeiern im Freien stattfinden sollten, nur die genaue und erlaubte Personenanzahl variierte.

Ein weiteres absurdes Beispiel aus der damaligen Zeit berichtete uns ein Mitarbeiter eines Beerdigungsinstituts: In einem Krematorium in der Region, in der ich tätig bin, mussten die Särge mit den Leichnamen der Menschen, die an dem Coronavirus verstorben waren, extra gesichert werden. Über die Antwort auf meine Frage, wie das gemacht wird, war ich erstaunt. Der Bestatter sagte, dass man zuerst an Klebeband gedacht hätte, um den Deckel und den Boden des Sargs zusammenzukleben, aber aus Umweltgründen wurde davon abgeraten. Also fand man die perfekte Lösung: Man nahm kleine Nägel, mit denen man normalerweise Bilder an der Wand aufhängt, und diese sollten den optimalen

Schutz bieten. Sie wurden jeweils am Kopf- und Fußende in den Sargdeckel geschlagen und somit war der Virus im Sarg „eingesperrt“.

Versteht mich bitte nicht falsch, ich bin kein Verschwörungstheoretiker und das, wovon ich hier berichte, passierte tatsächlich am Anfang der Pandemie, wo viele mit der Situation überfordert waren, und da mangelte es manchmal an gesundem Menschenverstand.

In dieser Zeit war die traurigste und schwierigste Situation für die Angehörigen sicherlich, wenn überhaupt kein Abschied am Grab möglich war. Selbst wenn Angehörige vor Ort waren, hätten sie sich rein theoretisch nicht am Sarg beziehungsweise Grab verabschieden dürfen. Diese Situation kam gerade zu Beginn der Pandemie häufiger vor, später gab es dann die Anweisung, dass fünf Trauergäste am Grab Abschied nehmen durften, natürlich mit mindestes 1,5 Meter Abstand voneinander. Die anderen Trauergäste durften sich auf dem Friedhof verteilen, und nachdem sich die fünf Personen am Grab vom Verstorbenen verabschiedet hatten, durften die nächsten fünf Personen zum Grab gehen. Danach wurden wir gerufen und haben den Sarg auf den Balken vorbereitet, um ihn ins Grab hinabzulassen. Zu viert, nicht zu sechst, wegen des einzuhaltenden Sicherheitsabstands, und mit Hilfe von Schlaufen und eines Radladers, mit dem wir den Sarg ins Grab absenkten. Natürlich mussten wir dabei einen Mund-Nasen-Schutz tragen und den Sicherheitsabstand einhalten, was an einem Sarg, ehrlich gesagt, ein wenig kompliziert ist, gerade mit der Person, die einem gegenübersteht. So gab es auch die Situation, dass wir zu zweit einen Sarg zu Grabe ließen, was ziemlich akrobatisch war, aber wir haben es pietätvoll zu Ende gebracht.

Trauerfeiern in der Kapelle oder in der Trauerhalle waren zunächst ganz verboten. Auch auf Gesang musste komplett verzichtet werden, später wurden die Lieder nicht mehr gesungen, sondern die Texte vom Geistlichen oder Trauerredner in gesprochener Form vorgetragen. Dabei zeigte der ein oder andere Geistliche ungewollt sein Talent als Rapper. Das wirkte manchmal etwas komisch, und die Geistlichen und Trauerredner, die über sich selbst lachen konnten, hatten genauso ihren Spaß wie die versammelte Trauergemeinde. Man spürte die völlige Überforderung und Unsicherheit aller im Umgang mit den Pandemieauflagen.

Es gab Szenen auf dem Friedhof, da habe ich Angehörige gesehen, die sich am liebsten in den Arm genommen hätten, um sich gegenseitig Kraft und Trost zu spenden, aber es nicht taten aufgrund der vorgegebenen Kontakteinschränkungen. Solche Situationen gab es selbst dann noch im Freien, als man schon mehr über das Virus und Infektionsgeschehen wusste. Nicht jeder Mensch braucht eine Umarmung, um getröstet zu werden, aber für all diejenigen, die eine in ihrer Trauer gebraucht hätten, war es herzzerreißend. Es fühlte sich für mich irgendwie falsch an.

Andere konnten sich in dieser Zeit auch gar nicht von ihren Liebsten verabschieden. Eine Frau erzählte mir, dass ihre Mutter ins Krankenhaus gekommen sei und sie sie nicht besuchen durfte. Sie sei in der Nacht gestorben und nun dürfe sie sich nicht einmal am Grab von ihr verabschieden. Ich glaube, ich brauche gar nicht mehr viel darüber zu schreiben, wie entsetzlich diese Situation für die Tochter gewesen ist. Man muss sich die Situation nur einmal mit den eigenen Angehörigen vorstellen. – Wir haben damals geholfen, so gut wir eben konnten. Gerade zu Beginn der Pandemie waren meine Kollegen und ich oft die Letzten, die sich am Sarg von dem verstorbenen Menschen verabschiedet haben. Wir haben uns stets verbeugt und einen letzten Gruß gesagt.

Die Zahl der Bestattungen ist in der Region, in der ich tätig bin, während der Hochphasen der Coronapandemie nicht gestiegen. Auch die Bestatter sprachen davon, dass sie kein erhöhtes Arbeitsaufkommen durch Todesfälle bemerkten, nur durch die Vielzahl an Auflagen, die sie zu erfüllen hatten.

Wie in allen Bereichen gab es auch hier Verantwortliche, die mit der Auflagensituation und den Einschränkungen besser umgehen konnten, und solche, die sich in ihr Schneckenhaus zurückzogen. Ich erinnere mich da an die Beerdigung eines Teenagers, die für mich ein trauriges Beispiel ist. Eine größere Trauergesellschaft versammelte sich, obwohl es nur eine begrenzte Anzahl hätte sein dürfen. Sie kamen zusammen, um den Eltern, Geschwistern und Großeltern in dieser schweren Stunde des Abschieds Trost zu spenden. Doch in dieser Situation zeigten der Kapellenwart und der Geistliche so wenig Fingerspitzengefühl, dass ich an der Nächstenliebe zweifelte. Statt Verständnis aufzubringen und gemeinsam nach einer Lösung zu suchen, beharrten sie auf die Durchsetzung der Regeln und drohten tatsächlich damit, die Beerdigung nicht stattfinden zu lassen. Trauergäste wurden aufgefordert, die Beerdigung zu verlassen, damit nur die erlaubte Anzahl anwesend war. Sie zeigten keine Kompromissbereitschaft in dieser Ausnahmesituation für die Hinterbliebenen. Selbst unser Vorschlag, alles im Freien stattfinden zu lassen, mit genug Abstand und Maske, stieß bei ihnen auf taube Ohren. Ohne Weiteres hätte man die Trauergäste mit Maskenpflicht in einer Art Prozession am Grab vorbeiführen können, aber alle Kompromissversuche scheiterten. Man stelle sich das nur einmal vor:

Am Ende standen die Eltern und Geschwister allein am Grab und die Regeln waren durchgesetzt.

Ich möchte niemanden dazu auffordern, Regeln zu brechen oder sich nicht an Bestimmungen oder Auflagen zu halten, aber wir alle sollten den gesunden Menschenverstand nicht außer Acht lassen. Dazu muss ich sagen, die beschriebene Beerdigung geschah zum Ende der Pandemie, als in einigen Bereichen schon von Lockerungen die Rede war. Schließlich gab es hier und da auch kreative Lösungen, um die Teilnahme an einer Beerdigung während der Coronapandemie zu ermöglichen und so gut wie möglich zu gestalten. So stellte zum Beispiel ein Kapellenwart Plexiglasscheiben als Spuckschutz auf, um bei der Beerdigung eines langjährigen Chormitgliedes dahinter singen zu können. Seine große Liebe, die Musik, sollte bei seiner Beerdigung nicht fehlen.

Ein anderes Beispiel ist die Idee eines Bestatters und eines Pfarrers. Wir als Sargträger wurden vor Beginn einer Trauerfeier gefragt, ob wir ein Problem damit hätten, während eines Livestreams gefilmt zu werden. Da aufgrund der Einreisebeschränkungen einige Familienangehörige aus Irland nicht an der Beerdigung teilnehmen konnten, plante man, diese per Livestream ins das irische Wohnzimmer zu übertragen, und die Trauerfeier wurde vom Geistlichen sowohl auf Englisch als auch auf Deutsch gehalten. Nicht Home-Office sondern Home-Funeral.

Ich wünsche mir, dass wir unsere Lehren aus der Pandemie ziehen und dass diese Zeit den einen oder die andere ins Nachdenken darüber gebracht hat, wie man in Ausnahmesituationen miteinander umgeht. Ich hoffe es, aber es fällt mir leider schwer, daran zu glauben. Am Anfang wurde für das Pflegepersonal noch applaudiert und Kassiererinnen und Kassierer im Supermarkt wurden mit Freundlichkeit überschüttet. Was ist davon geblieben?

Ich denke, auch die Kirche hätte in Zeiten der Pandemie eine große Chance gehabt, an ihrem schlechten Image zu arbeiten, aber sie hat ihre Schäfchen ein wenig im Stich gelassen, abgesehen von einzelnen Vertretern und Vertreterinnen aus ihren und anderen Reihen.

Es waren die Menschen, die bereits vor der Pandemie bemüht waren, in ihrem Leben und beruflichen Bereich alles erdenklich Mögliche für andere zu tun, die es auch in der Pandemie und danach getan haben. Diejenigen aber, die in allem ein Problem sehen und dieses vor sich und andere stellen, waren und sind bis heute wenig engagiert.

Vielleicht setzt sich irgendwann die Onlinebeerdigung per Livestream durch und es eröffnet sich ein neuer Markt. Auch die Bestattungsbranche ist weiter im Umbruch und passt sich neuen Bedürfnissen an. Der Trend zu immer mehr Urnenbestattungen statt Sargbeisetzungen ist sicher nur der Anfang. Und in unserer globalen Welt entfernt man sich mehr und mehr von der Vorstellung eines festen Grabs, das gepflegt werden muss. Wie viele Kinder leben als Erwachsene noch in der Nähe ihrer Eltern? Die Nachfrage nach Kolumbarien und Stelen wächst, ebenso das Bedürfnis, die Asche des verstorbenen Menschen bei sich zu haben, sei es als Urne vergraben im heimischen Garten, in der Vitrine im Wohnzimmer oder sogar als Schmuckstück um den Hals – dafür wird aus Asche künstlich ein Schmuckstein gepresst.

Auch wenn die Erdbestattung, wie wir sie kennen, in Zukunft vielleicht ein Auslaufmodell sein wird, so glaube ich doch, dass der Wunsch nach einer gemeinsamen Trauerfeier, um sich gegenseitig Trost zu spenden, bleiben wird.

11.
Die Angst vor dem Unbekannten

Ich hatte einen Bestattungstermin an einem frühen Dienstagmorgen, bei dem ich aus Erfahrung und von der Uhrzeit her wusste, dass es sich um eine Sozialbestattung handelte. Das bedeutet, dass das Sozialamt die Kosten der Bestattung übernimmt. Und ich habe oft erlebt, dass bei solchen Beerdigungen um diese Uhrzeit keine Angehörigen, Verwandten oder Freunde anwesend sind. Nur wir, die Sargträger und der Bestatter, sind dann die einzigen Personen vor Ort.

Bei den ersten Beerdigungen dieser Art fragte ich mich: *Was hat der Mensch falsch gemacht oder was ist passiert, dass niemand zu seiner Beerdigung kommt?* Kein letzter Gruß von jemandem, der den Verstorbenen kannte – das fand ich traurig und nicht nachvollziehbar. Bis ich erfuhr, dass es sich dabei oft um ältere Menschen handelte, die niemanden mehr haben. Keine Kinder, keinen Ehepartner, keine Freunde mehr. – So war es auch an diesem Morgen; die Verstorbene war eine alte Dame, die in einem Altenpflegeheim gelebt hatte und an den Folgen ihrer Coronaerkrankung gestorben war.

Es war noch etwas nasskalt, aber am wolkenlosen Himmel konnte man schon erkennen, dass es ein schöner Tag werden würde. Wir verzichteten auf unsere Mäntel, da die Temperaturen es zuließen, und trugen nur unsere schwarzen Anzüge. Nach und nach trafen die anderen Kollegen auf dem Parkplatz ein und wir gingen gemeinsam ohne Mundschutz, aber mit Abstand, zum Friedhof und unterhielten uns über die neue Lebenssituation im Lockdown und darüber, dass es gleich wohl wieder eine Sozialbestattung geben würde.

Vor der Trauerhalle trafen wir dann auf den mit Mundschutz bekleideten Mitarbeiter des Bestattungsunternehmens, der uns bestätigte, dass wir mit unserer Vermutung bezüglich der Sozialbestattung richtig lagen. Doch was wir gleich sehen sollten, damit hatten wir nun wirklich nicht gerechnet. Der Mitarbeiter sagte uns mit sehr ernster Stimme und wohl auch mit ernstem Gesichtsausdruck, den wir aber unter seiner Maske nicht sahen: „Ihr werdet gleich eine ältere Dame beerdigen, die an dem tödlichen Coronavirus gestorben ist, und wer jetzt lieber gehen möchte, kann dies sehr gerne tun.“ Er hätte Verständnis dafür und könnte es nachvollziehen.

Zwischen seinen Worten konnte ich erahnen, dass er nicht gerne vor Ort war und wahrscheinlich im Unternehmen für diese Beerdigung das kurze Streichholz gezogen hatte. „Wer aber den Mut hat, die Beerdigung durchzuführen, für den habe ich Schutzkleidung dabei, die man bitte auch anziehen muss.“ Selten habe ich mich so heldenhaft gefühlt wie in diesem Moment, in dem wir eine verschworene Sondereinheit von Auserwählten waren, quasi echte Teufelskerle, die dem Coronavirus trotzten. Es wirkte alles sehr seltsam, aber es war tatsächlich ernst gemeint.

Da es keine Trauerfeier gab und auch keine Angehörigen erwartet wurden, sollte es gleich mit der Bestattung losgehen. Doch bevor wir uns auf den Weg zum Sarg machten, sollten wir uns bitte entscheiden, wer von uns sechs den Sarg ablässt und wer die Balken zieht, damit der Sicherheitsabstand auch gewährleistet wurde. Diese Entscheidung war schnell getroffen, da wir ein eingespieltes Team sind und in dieser Formation die ältesten Kollegen meistens in der Mitte tragen.

Voller Tatendrang wollten wir unseren Dienst verrichten, aber da hatten wir die Rechnung ohne den Mitarbeiter des Beerdigungsinstitutes gemacht. Wieder wurden wir von ihm dazu angehalten, unsere Schutzkleidung anzuziehen: „Meine Herren, wie bereits erwähnt, geht es hier um eine am Coronavirus verstorbene

Frau, und wir sollten doch alle darum bemüht sein, unser Leben zu schützen. Aus diesem Grund ziehen Sie bitte die Schutzkleidung an, die Ihnen zur Verfügung gestellt wird. Ich bestehe darauf!"

Wir hatten alle große Fragezeichen über den Köpfen und sahen uns ungläubig an. Was sollte jetzt hier passieren? Bekommen wir Schutzanzüge und betreten eine nukleare Todeszone? – Das Ganze wirkte nicht mehr wie eine Beerdigung, sondern wie der Beginn der Apokalypse. Gespannt warteten wir darauf, welche Schutzmaßnahmen nun getroffen werden mussten. Zum Glück waren es keine Schutzanzüge, sondern bloß lange Gummihandschuhe, die wir bitte unter unseren weißen Handschuhen tragen sollten, zudem natürlich eine FFP2- Maske und wer wollte, konnte noch eine Gesichtsschutzmaske tragen. „Die Gesichtsschutzmaske ist aber freiwillig, da wir ja an der frischen Luft sind, ich empfehle sie Ihnen aber."

Nach einem kurzen Blick untereinander war schnell klar, dass wir auf seine gut gemeinte Empfehlung verzichten und uns nur die „nötigste" Schutzkleidung anziehen würden. Nachdem wir uns vorbereitet hatten, ging es nun, natürlich mit dem nötigen Abstand, zum Sarg. Wenn man ihn überhaupt so nennen konnte, denn wir trauten unseren Augen nicht. Der Holzsarg war komplett in Plastik gehüllt, aus mehreren Plastiktüten war eine Ummantelung für den Sarg geklebt worden. Doch damit nicht genug, auf allen vier Seiten prangten Aufkleber mit dem Aufdruck und Warnzeichen „Biohazard".

Bevor wir irgendetwas sagen konnten, erhielten wir den folgenden Hinweis: „Meine Herren, da niemand weiß, welche Gefahren von dem Leichnam ausgehen, haben wir die Verstorbene nicht nur in einen Leichensack, sondern noch in einen zusätzlichen Leichensack gelegt. Ich gehe davon aus, dass von der Verstorbenen keine größere Gefahr mehr ausgeht, wenn Sie zusätzlich die Schutzkleidung tragen."

Von mir kam nur: „Das ist doch nicht Ihr Ernst, oder? Also noch einmal für mich: Die verstorbene ältere Dame liegt in einem Leichensack, dann in einem weiteren Leichensack, in einem mit Schrauben verschlossenen Sarg, der dann noch mit Plastiktüten umhüllt wurde …"

Er wollte mich unterbrechen: „Das könnte ich jetzt ..."

Aber ich ließ mich nicht unterbrechen: „… und dazu tragen wir unter den weißen Handschuhen noch Gummihandschuhe und eine FFP2-Maske. Halten Sie das nicht für ein bisschen übertrieben? Mal abgesehen von den Aufklebern am Sarg."

Meine Kollegen dachten anscheinend ähnlich wie ich und stimmten mir zu, woraufhin der Mitarbeiter des Bestattungsunternehmens nur meinte: „Es geht hier um Ihre Sicherheit, und wenn Sie die Beerdigung unter diesen Umständen und Bedingungen nicht durchführen wollen, steht es Ihnen frei zu gehen."

Natürlich wollten wir die Verstorbene beerdigen und ihr den letzten Dienst, die letzte Ehre erweisen, nur fragten wir uns: *Wo blieb bei aller Angst, beziehungsweise in diesem Fall eher Panik, die Pietät vor der Toten?*

Nachdem wir aber merkten, dass wir an den Prinzipien des Mitarbeiters nichts ändern konnten und er davon überzeugt war, dass der Virus ihm in jedem Moment entgegenspringen könnte, folgten wir den für uns nicht ganz nachvollziehbaren Anweisungen, um der Verstorbenen das letzte Geleit zu geben. Wir stellten also den Sarg auf und verbeugten uns, wie bei jeder anderen Beerdigung auch, und begaben uns auf den Weg in Richtung der Grabstätte.

Unterwegs sah ich auf den verpackten Sarg und die Biohazard-Zettel, und ich fragte mich, was wohl spätere Generationen denken würden, wenn sie bei Ausgrabungen auf den Sarg stießen? Der Sarg würde sich unter der Plastikhülle erst einmal nicht zersetzen, der Leichnam wahrscheinlich auch nicht so schnell unter den gegebenen Umständen. Ein Leichnam für die Ewigkeit.

An der Grabstätte angekommen stellten wir wie üblich den Sarg auf die Balken über dem Grab. Als der Sarg dort stand, hielten wir kurz inne und der Mitarbeiter des Bestattungsunternehmens richtete ein paar letzte, sehr nette Worte an die Verstorbene, dabei entschuldigte er sich auch für die Umstände der Beerdigung. Anschließend sprachen wir gemeinsam das Vaterunser, ließen den Sarg ab und verbeugten uns ein letztes Mal am Grab.

Als wir das Grab verlassen wollten, blieb ein älterer Kollege kurz stehen und erwies der Toten noch einmal die letzte Ehre, indem er drei Mal Erde auf das Grab warf. Wir taten es ihm nach und verließen die Grabstätte, damit die Friedhofsgärtner das Grab schließen konnten.

Das Werfen von Sand oder Erde auf den Sarg oder die Urne symbolisiert das Schließen des Grabes und die Übergabe des Verstorbenen an die Erde. In Anlehnung an die Dreifaltigkeit wird dies traditionell drei Mal wiederholt mit den Worten „Erde zu Erde, Asche zu Asche und Staub zum Staube“. Dieses sichtbare und hörbare Ritual wird heute von vielen Menschen als sehr hart und belastend empfunden, deshalb werden oft auch farbenfrohe Blütenblätter angeboten und verwendet.

All das, wovon ich hier berichte, passierte im ersten Lockdown, also zu einer Zeit, als noch niemand Erfahrung hatte mit so einer weltweiten Ausnahmesituation. Bei vielen herrschten Angst und Unsicherheit, die tagtäglich durch verschiedenste Meldungen geschürt wurden. Ich bin definitiv kein Verschwörungstheoretiker und weit davon entfernt. Das Einzige aber, was ich nicht verstanden habe und bis heute nicht verstehe, ist, warum man in diesen Situationen den gesunden Menschenverstand außer Acht ließ und unsere Diskussionskultur zu wünschen übrig ließ. Es wurde und wird immer mehr nach dem Motto gelebt: „Entweder du bist für mich oder du bist gegen mich." Dass man eine andere Meinung zu Themen hat oder auch Dinge hinterfragt, bedeutet nicht gleichzeitig, dass man ein Spinner ist. Man sollte versuchen, sich selbst nicht zu wichtig zu nehmen, ohne seinen Standpunkt zu verlieren, nicht taub zu sein, wenn es darum geht zuzuhören, und in den Dialog zu treten, um falsche Standpunkte zu entlarven. Ich glaube, wenn jemand dummes Zeug redet und ich der Meinung bin, dass es dummes Zeug ist, dann sollte man trotzdem versuchen, nicht gleich die Schotten dicht zu machen, sondern im Dialog die Dinge zu ändern.

Auch wenn ich die Maßnahmen des Mitarbeiters des Beerdigungsinstitutes zunächst nicht verstanden habe, wurde mir am Ende doch klar, dass er einfach nur Angst hatte. Wie viele andere auch. Angst vor dem Unbekannten und Angst davor, bei einem schweren Verlauf zu sterben oder gar, dass jemand in seinem Umfeld daran erkrankt oder Schlimmeres passiert. Eine weltweite Pandemie in diesem Ausmaß war unbekannt. Und Angst ist eine Schutzreaktion unseres Körpers auf unbekannte Situationen. Dabei spielt es keine Rolle, ob es sich um die Angst vor einem Raubtier oder einer weltweiten Pandemie handelt.

Der Schriftsteller Howard Phillips Lovecraft schrieb einmal: „Das älteste und stärkste Gefühl ist Angst, die älteste und stärkste Form der Angst ist die Angst vor dem Unbekannten." – Genau diese Angst haben die Menschen auch vor dem Tod, weil er etwas Unbekanntes ist.

Ich habe durch die Beerdigungen den Tod in so vielen Facetten gesehen und ich weiß, dass er einen jederzeit ereilen kann, weil er unberechenbar ist. Jetzt könnte man Angst haben, sein ganzes Leben lang darüber nachdenken und vergessen zu leben – nach dem Motto: Angst fressen Seele auf. Oder man nimmt das Leben und die Angst an und versucht, das Beste aus diesem einen Leben zu machen. Man soll jetzt nicht täglich daran denken, dass es bald vorbei sein könnte, sondern einfach versuchen, sich bewusst zu machen, dass unser Leben endlich und nicht endlos ist. Aber in seiner Endlichkeit soll es unendlich an Lebensqualität haben und dafür ist man selbst, jeder Einzelne für sich verantwortlich.

Der Tod, er erwischt uns leider und auch die Menschen, die wir lieben. Und wenn er dich ereilt, dann hoffe ich, dass du nicht allein bist. Und wenn doch und du all deine Liebsten überlebt hast, dann werden da auch ein paar Sargträger sein und dich verabschieden. Aber ich wünsche jedem Menschen, dass sich all seine Liebsten von ihm verabschieden, aber dafür muss jeder etwas tun.

Es ist spannend mitzuerleben, wie die Trauergäste auf den Friedhöfen sich miteinander unterhalten. Da ist man schockiert, dass man sich so lange nicht gesehen hat. Man verspricht sich gegenseitig, dass man sich bald mal wiedersehen muss. Und sagt sich, dass man doch endlich anfangen müsste, mit seiner Familie, seinen Freunden im Hier und Jetzt zu leben. Gespräche wie diese finden hundertfach auf Friedhöfen statt, nicht nur in Deutschland, da bin ich mir sicher. Aber spätestens zum Sechswochenamt ist von all dem keine Rede mehr.

Mein Rat lautet daher: Mach es und fang an, dein Leben so zu leben, wie du es dir wünschst. Warte nicht ab, tue es! Und denke an Vicky Leandros, die einst gesungen hat: „Ich liebe das Leben!“

12.
Die Stimme aus dem Jenseits

Eigentlich war es eine ganz normale Beerdigung, wie ich sie schon oft erlebt habe: eine überschaubare Anzahl von Trauergästen, der Verstorbene eher im fortgeschrittenen Alter und eine Trauerfeier, die bis zu diesem Zeitpunkt normal verlief.

Wir, meine Kollegen und ich, warteten vor der Trauerhalle auf das Ende der Trauerfeier. Die Türen öffneten sich, zwei Kollegen gingen in die Trauerhalle und holten den Sarg heraus, wir verbeugten uns vor dem Sarg und der Trauerzug begann.

Nach wenigen Metern auf dem Weg zum Grab durchbrach ein Satz die Stille des Trauerzuges: „Nächste Möglichkeit links abbiegen." Meine Kollegen und ich sahen uns irritiert an, der erste kramte sogleich in seiner Tasche und kontrollierte sein Handy, dann ertönte es wieder: „Nächste Möglichkeit links abbiegen." Mit großen Augen und achselzuckend schüttelte er den Kopf. Und dann wieder: „Nächste Möglichkeit links abbiegen."

Alle Sargträger, auch ich, kramten in ihren Anzugtaschen. „Nächste Möglichkeit links abbiegen", aber keiner von uns hatte aus Versehen sein Handy eingeschaltet gelassen. In solchen Momenten ist man völlig überrascht und entwickelt komische Gedanken. Ich dachte mir: *Okay, wenn ein Toter oder gar Gott mit dir reden will, dann hat er dir bestimmt Wichtigeres zu sagen als ‚Nächste Möglichkeit links abbiegen'. Er könnte mir vom Paradies erzählen und wie es dort aussieht oder mir erklären, warum manche Dinge ungerecht sind und andere in Gottes Namen geschehen. Er könnte mir beziehungsweise uns so vieles sagen, aber nicht ‚Nächste Möglichkeit links abbiegen'.*

Die nächste Aufforderung zum Abbiegen riss mich aus meinem kurzen Gedankenwirrwarr. In diesem Moment wurde uns sechs Sargträgern klar, dass die Anweisung wahrscheinlich von einem Handy aus dem Sarg kommen musste. Perplexe Blicke wurden untereinander ausgetauscht und ich sah zuckende Mundwinkel bei jedem von uns. Dann, als wieder ertönte „Nächste Möglichkeit links abbiegen“, vernahm ich auch schon ein leises, dezentes Grunzen. Jetzt lautete die Devise: weggucken! Auf gar keinen Fall Blickkontakt untereinander aufnehmen! Sonst wäre es uns sechs schwergefallen, dem Anlass entsprechend die Ruhe zu bewahren.

Langsam schienen auch einige der Trauergäste die Routenanweisung zu hören. Denn hier und da sah ich nun auch unter ihnen irritierte Blicke, kramende Hände in den Jackentaschen und Verwunderung. Aber niemand sagte etwas, und zu meiner Verwunderung schienen viele die Situation als „wird-wohl-schon-so-richtig-sein“ anzusehen.

Nachdem der Trauerzug nach zweimal rechts und einmal links abbiegen am Grab angekommen war, war ich nur froh, dass kein „Bitte wenden“ oder „Sie haben Ihr Ziel erreicht“ aus dem Sarg zu hören war. Ich glaube, dann hätte sich niemand mehr das Lachen verkneifen können.

Nach ein paar kurzen Sätzen am Grab ließen wir den Sarg ab und ein letztes Mal hörte man: „Nächste Möglichkeit links abbiegen.“ Tatsächlich konnten wir in diesem Moment noch die Fassung bewahren, aber auf dem Weg zurück zur Trauerhalle genügte ein Blick und ein ungläubiges Lachen brach aus allen heraus.

An der Trauerhalle ermahnte uns der Bestatter, dass wir uns doch bitte zusammenreißen sollten, und fragte, was wir für ein Problem hätten. Er hatte nämlich von dem ganzen Geschehen bis dahin nichts mitbekommen. Nachdem wir ihm dann erklärt hatten, dass wir gerade alle Zeuge eines Wunders geworden waren, schaute er uns nur kreidebleich an und fragte: „Hat es jemand von den Trauergästen mitbekommen?“ Dabei tastete er sichtlich angespannt seine Taschen ab. Der Blick, den er dabei hatte, schien mir wie ein Zeitraffer mehrerer Gefühlswelten und innerer Dialoge zu sein: *Bitte nicht mein Handy – Das darf doch nicht wahr sein – Wo ist es? – Gott sei Dank – Nee, doch nur die Schlüssel – Verdammt, ich bekomme auf der Stelle einen Infarkt – Bitte nicht – Nee, doch nicht – Aber es muss doch irgendwo – Jackpot, da ist es – Ausatmen.*

Danach war er sichtlich entspannter. Wir mussten ihm alles erzählen und er konnte auch über die Situation lachen. Da wir Sargträger allerdings einen Anschlusstermin hatten, konnten wir dem Geheimnis nicht mehr vollends auf die Spur gehen. Und ich stellte mir die Frage: *Wie kam das Handy in den Sarg, wenn der Bestatter nichts davon wusste?* Und davon war nach seinem kleinen Nervenzusammenbruch auszugehen.

Auf der Rückfahrt vom Friedhof erinnerte ich mich an eine Entdeckung, die ich vor einigen Jahren gemacht hatte: In meinem anderen beruflichen Leben als Schauspieler durfte ich bisher zwei Mal auf einem Friedhof drehen, beide Male in Köln. Das erste Mal an einem windigen Spätsommertag, als wir einen Großteil des Friedhofs für die Szenen eingenebelt haben, sehr zum Leidwesen einer Beerdigung, die in einem anderen Teil des Friedhofs parallel stattfand. Der künstliche Nebel verteilte sich über den Friedhof und es gab einen Punkt, an dem sich der komplette Nebel sammelte. Leider war das nicht vor der Kamera.

Bei meiner zweiten Dreherfahrung auf einem Friedhof drehten wir die Szenen nachts, und diese Erfahrung war für alle Beteiligten etwas Besonderes und hatte auch irgendwie etwas Gruseliges. Denn trotz Drehteam herrschte in der Nacht eine gespenstische Stille auf dem Friedhof. Und zudem standen meine Schauspielkollegen und ich für diese Szene in einem ausgehobenen Grab und sollten Leichen exhumieren.

Als ich dann während einer Drehpause, etwas abseits vom Set, über den Friedhof ging, entdeckte ich einen Grabstein mit dem Konterfei des Verstorbenen sowie der Kontur eines Klapphandys einer finnischen Firma. Beides nebeneinander auf dem Grabstein verewigt, mit Initialen und Daten. Und da habe ich mich schon damals gefragt: *Wie ausgeprägt muss die Beziehung zu einem Telefon sein, dass ich es auf den Grabstein gravieren lasse?* – Und ich stellte mir vor, dass wahrscheinlich auch ein Telefon als Grabbeigabe in diesem Sarg liegt.

Früher gab man den Toten als Grabbeigaben (Paraphernalien) Essen, Schmuck, Waffen oder andere wichtige Objekte für das Leben im Jenseits mit. Vielleicht geht ja heutzutage der Trend zum Smartphone, vielleicht sogar mit Powerbank, ja, und vielleicht haben die Särge bald einen USB-Anschluss mit W-LAN und eigenem Netz … Aber was könnte der Grund oder die eigentliche Hoffnung dahinter sein?

Dass der Verstorbene gar nicht tot ist und sich vielleicht noch rechtzeitig meldet, bevor er begraben wird? Dass er sich aus dem Jenseits meldet? Dass man versuchen will, ihn immer noch zu erreichen und dann wenigstens die Mailbox angeht? Oder dass er vielleicht, ja vielleicht, tatsächlich ans Handy geht? – Oder symbolisiert dies nur die Angst vor dem Loslassen und der Endgültigkeit?

Was ich bei Beerdigungen immer wieder beobachte, sind die zunehmende Trauer und die Tränen beim Ablassen des Sarges oder der Urne. Vielleicht, weil dieser Moment die Endgültigkeit sichtbar macht und deutlich wird, dass es kein Zurück mehr gibt.

Liebe Menschen, die in meinem Umfeld gestorben sind, haben kein Handy mit ins Grab bekommen, aber ich kann trotzdem noch mit ihnen sprechen. Natürlich nicht im klassischen Sinne oder bei Séancen, nein, sondern in stillen und weniger stillen Gesprächen mit ihnen. (Diese heimlichen Selbstgespräche führt selbstverständlich niemand sonst außer mir.)

Manchmal wünsche ich, wenn ich eine einfache Brühwurst esse, meiner Tante Gerda einen guten Appetit, weil ich weiß, dass sie diese so gerne gegessen hat. Oder ich grüße meine lieben Verstorbenen beim Besuch ihrer Gräber auf dem Friedhof. Denn schon indem ich mich an sie erinnere, spreche ich mit ihnen.

Und tatsächlich, ab und zu haben sie die Zeit, mir zu antworten. Durch einen Vogel, der ganz nah bei mir auf einem Ast sitzt, durch ein Lied im Radio, das sie gerne gehört haben und plötzlich erklingt, durch die Kraft, die man spürt, wenn man an sie denkt, oder manchmal einfach nur durch ein kleines Lächeln, das mir über die Lippen kommt, wenn mich Dinge an sie erinnern. Wie in einem echten Gespräch muss man nur lernen, gut zuzuhören und sich nicht davor zu verschließen.

Ein paar Tage später erfuhren wir endlich das Geheimnis, was es mit der Stimme beziehungsweise dem Handy im Sarg auf sich hatte. Der Tote war von seinem Wohnort an seinen Geburtsort, an dem er beerdigt wurde, überführt worden. Auf dem Friedhof des Geburtsorts war dann der Sarg geöffnet worden, um dem örtlichen Bestatter den Toten zu zeigen. Dabei fiel dem Überführer sein Handy in den Sarg, ohne dass er dies bemerkte. Der Sarg wurde wieder verschlossen, kam zur zeitlichen Überbrückung in eine Kühlzelle, wo es kein Netz, keine Verbindung gibt. Aus der Kühlzelle kam der Sarg dann in die Trauerhalle, wo es ebenfalls keine ausreichende Mobilfunkverbindung gibt. Als wir schließlich den Sarg aus der Trauerhalle geleiteten, gab es wieder Kontakt zum Funknetz und die „Stimme aus dem Jenseits“ meldete sich.

Ach ja, das Handy liegt übrigens noch immer als Grabbeigabe mit im Sarg. Bis jetzt hat aber noch niemand von dort angerufen.

13.
Schunkelnd auf der Friedhofsbank

Wir wurden als Sargträger zu einem Friedhof gerufen, auf dem Beerdigungen immer etwas schwierig sind. Der Friedhof ist alt und sehr eng bebaut. Maschinen, die Gräber ausheben, haben hier keinen Platz, also müssen die Friedhofsgärtner alles von Hand ausheben. Und als Sargträger muss man über das eine oder andere Grab steigen, um überhaupt an das Grab zu gelangen, wo die Beisetzung stattfinden soll. Aber das Team, das dort zusammenkam, kannte ich gut, und es war sehr erfahren. Mit dabei waren einige ältere Kollegen, mit denen ich schon des Öfteren zusammen getragen habe.

Wir trugen den Sarg, der ziemlich schwer war, unter Ächzen und Stöhnen vor allem der älteren Sargträger über einige Gräber. Man musste wirklich aufpassen, dass man nicht stolperte, was leider auch schon mal passiert war. Besonders problematisch ist es, wenn derjenige, der den Sarg am Kopf- oder Fußende trägt, das Gleichgewicht verliert, denn dann kann es passieren, dass der Sarg herunterfällt.

Wir hatten uns mühsam über die Gräber gekämpft, der Sarg stand auf den Balken und wir warteten darauf, dass der Pfarrer das Zeichen gab, damit wir den Sarg ablassen konnten. Aus den Augenwinkeln sah ich, dass ein älterer, sehr lieber Kollege nicht mehr ganz fit aussah, anscheinend hatte er Kreislaufprobleme. Ich schaute immer wieder zu ihm hinüber und hoffte, dass er die Beerdigung noch durchhalten würde. Auf mein flüsterndes „Ist alles gut?“ antwortete er mit einem kurzen Nicken, aber man konnte sehen, dass es ihm nicht gut ging. Zum Glück stand er in der Mitte und hatte dadurch weniger körperliche Anstrengung beim Ablassen. Jetzt gleich musste er sich nur noch einmal bücken, um einen der Balken zu ziehen, und das sollte hoffentlich gut gehen.

Wir bekamen unser Zeichen und ich dachte mir nur: „Halte bitte durch und mach keinen unfreiwilligen Abgang.“ Ich beobachtete ihn ganz genau, er tauchte ab und man hörte, wie er etwas Probleme hatte, den Balken zu entfernen, aber es gelang ihm und dann tauchte er langsam wieder auf. Etwas blass um die Nase schwankte er, aber er stand. Wie ein Boxer, der nach einem Niederschlag angezählt wird. Seine Augenlider flackerten ein wenig und ich konnte sehen, wie er tapfer gegen den Schwindel ankämpfte, um nicht k. o. zu gehen.

Was ich allerdings nicht mitbekommen hatte, war, dass der Kollege neben mir wohl auch Probleme hatte. Nachdem wir den Sarg heruntergelassen hatten, verbeugten wir uns und gingen vom Grab weg. Dann ging ich auf den blassen Kollegen zu und fragte ihn, wie es ihm gehe und ob er etwas brauche. Er antwortete, dass er wohl Kreislaufprobleme habe, und genau in diesem Moment sackte er in sich zusammen. Ich konnte ihn gerade noch auffangen und hakte ihn mit einem Arm unter.

Der andere Kollege, bei dem ich gar nicht mitbekommen hatte, dass es ihm auch schlecht ging, kam nun auch leicht ins Straucheln und meinte, dass es ihm nicht so gut ginge. Schnell hakte ich auch ihn unter. Da stand ich also, rechts und links jeweils einen älteren Herrn am Arm. Zum Glück war eine Friedhofsbank in der Nähe, auf die wir uns schnell setzten. Die anderen Kollegen eilten los, um etwas zu trinken zu besorgen.

Nachdem sich die beiden wieder ein wenig berappelt hatten, meinte der eine zu mir, dass der Arzt ihm auch verboten hätte, so schwer zu heben. Er habe wohl ein Rückenproblem und immer, wenn er etwas Schweres trage, würde mittlerweile ein Nerv eingeklemmt, der dann diese Schwindelanfälle verursache. Der andere stimmte ihm zu und sagte, bei ihm sei es genauso.

Ich fragte mich, warum die beiden dann nicht nur Urnen trugen, und stellte ihnen genau diese Frage. Von beiden bekam ich als Antwort, dass dies eine gute Idee sei und sie selbst noch gar nicht darauf gekommen seien. „Ihr seid aber auch zwei Blitzbirnen“, hörte ich mich da mehr besorgt als ernsthaft-vorwurfsvoll sagen, und beide lächelten mir als Antwort zu.

In diesem Moment wusste ich, dass die Situation eine positive Wendung genommen hatte. Denn wenn man lächelt, ist meistens alles wieder gut. So saßen wir also auf der Bank, noch gemeinsam beieinander eingehakt, so als wollten wir zusammen schunkeln. Rechts ein Rentner, links ein Rentner im Arm – ein Bild wie aus dem „Musikantenstadl“, nur die Musik fehlte. Man hätte wirklich ein Foto machen müssen.

Als dann die Trauergesellschaft nach der Beisetzung an der Bank vorbeikam, meinte ich in manchen Gesichtern lesen zu können: „Guck mal, die Sargträger haben sich aber gern.“ Ja, recht hatten die Leute damit.

14. Wenn Blumen Lebewohl sagen sollen

Blumen sind seit jeher ein beliebtes Symbol für das Leben und den Tod. Ihre Schönheit wird nicht nur als Sinnbild für das Leben genutzt, sondern hat auch als Trauerschmuck auf Gräbern ihren festen Platz. Blumen können sowohl den Sarg als auch den Trauerkranz am Grab schmücken und sind Teil fast jeder Bestattung. Die Klassiker für Kränze und Gestecke sind: Rosen, Lilien, Callas, Nelken und Chrysanthemen. In der Trauerfloristik werden diese Blumen häufig verwendet, denn sie stehen symbolisch für Liebe und Hoffnung. Sie überdauern demnach den Tod und begleiten den Verstorbenen.

Die Tradition, Blumen bei Beerdigungen zu schenken, hat eine lange Geschichte und kann auf verschiedene Ursprünge zurückgeführt werden. Schon in der Antike wurden Blumen bei Bestattungsritualen verwendet. In vielen Kulturen galten Blumen als Symbol des Lebens und der Wiedergeburt. Sie wurden auf Gräber gelegt, um die Verstorbenen auf ihrer Reise ins Jenseits zu begleiten. Sie wurden auch wegen ihres Dufts und ihrer Schönheit verwendet. Sie sollten den unangenehmen Geruch der Verwesung überdecken und eine angenehme Atmosphäre schaffen.

Blumen sind zudem vergänglich und symbolisieren so die Vergänglichkeit des Lebens. Sie erinnern uns daran, dass unser Leben kurz ist und dass wir die Zeit, die wir haben, schätzen sollten. Wohl aus all diesen Gründen wurden und werden Blumen als passendes Symbol für Beerdigungen angesehen.

Außerdem sind sie ein Zeichen der Anteilnahme und des Respekts gegenüber dem Verstorbenen und seiner Familie. Ein letzter Blumengruß zeigt den Hinterbliebenen, dass sie nicht allein sind und dass andere Menschen an sie denken und ihnen Trost spenden.

Es ist wichtig zu beachten, dass die Tradition, Blumen bei Beerdigungen zu schenken, je nach Kultur und Religion unterschiedlich sein kann. In einigen Kulturen werden bestimmte Blumenarten oder -farben bevorzugt, während in anderen Kulturen möglicherweise andere Formen des Gedenkens verwendet werden. Letztendlich dient die Tradition dazu, den Verstorbenen zu ehren und den Hinterbliebenen Trost zu spenden. Trauerfloristik spielt daher eine wichtige Rolle bei der Beerdigung des Verstorbenen und bei der Trauerbewältigung der Angehörigen.

In der Regel sind es Familienmitglieder, die einen Kranz oder ein passendes Gesteck ans Grab des Verstorbenen mitbringen und niederlegen (lassen). Aber auch enge Freunde und Bekannte, die einen gemeinsamen Weg auf Erden miteinander bestritten haben, drücken ihre Trauer gerne mit einer solchen Geste aus. Im Grunde kann jeder, der es als richtig empfindet, Blumen zum Grab mitbringen. Wer sich bei der Beerdigung nicht traut, kann dies auch gerne nachträglich tun und die Blumen zu einem späteren Zeitpunkt auf das frische Grab legen.

Nicht bei jeder Bestattung werden Blumen auf den Sarg oder auf das Grab geworfen. Findet dies jedoch statt, sind es oft einzelne Rosen, nach deren Wurf noch einige persönliche Worte an den Verstorbenen gerichtet werden und die einen letzten Abschied und die Liebe besonders zum Ausdruck bringen sollen.

Blumen schmücken nicht nur den Sarg, sondern begleiten oft auch als Dekoration die Trauerfeier. Häufig sind die Lieblingsblumen des Verstorbenen im Trauerkranz und Grabschmuck enthalten, um der Trauerfloristik eine ganz persönliche Note zu verleihen. Insbesondere die Farbe Weiß dominiert da, denn weiße Blumen stehen oft für Hoffnung und Reinheit. Sie sollen die Trauer der Angehörigen lindern, aber auch für ein sicheres Leben nach dem Tod stehen.

Hier eine Übersicht über die zehn beliebtesten Blumen bei Trauerfeiern:

Rote Rosen zur Beerdigung

Die rote Rose ist weltweit ein Symbol für Liebe und Leidenschaft. Eine hellrosa Rose kann auch Respekt ausdrücken, während eine dunklere Rose Dankbarkeit und Anerkennung symbolisieren kann.

Weiße Rosen sind besonders beliebt

In einigen Ländern gelten weiße Rosen als besonders angemessene Blumen für Trauerfeiern. Das liegt daran, dass sie Hoffnung, Reinheit und die Verheißung des Himmels ausdrücken. Der Schenkende kann einen Strauß weißer Rosen oder auch nur eine einzelne Blume überreichen. Außerdem können diese Art von Blumen sowohl den Neubeginn als auch das Beileid gegenüber den Angehörigen ausdrücken – wie auch Wertschätzung und Dankbarkeit gegenüber dem Verstorbenen.

Tulpen zur Bestattung

In der Pflanzensymbolik steht die Tulpe traditionell für Glück, Zuneigung, Liebe und Schönheit sowie als Ausdruck der Dankbarkeit für eine Freundschaft, die durch den Tod endete. Sie wird gerne verwendet, um die Schönheit einer verstorbenen Person zu ehren.

Gerbera zum Begräbnis

Gerbera werden oft als Symbol der Hoffnung verwendet, da sie in vielen Fällen die Angehörigen dazu ermutigen, weiterzumachen, und ihnen neue Kraft geben. Ihre positive Bedeutung findet bei vielen Menschen Anklang und kann dabei helfen, die Trauer zu überwinden.

Lilien sind die Nummer 1 bei Beerdigungen

Die Lilie ist vor allem im Christentum ein Symbol für Hoffnung, Licht und Verbundenheit mit Gott. In der Farbe Weiß steht die Lilie für Hochachtung, Trauer und Zuneigung zum Verstorbenen. Die Lilie kann auch als Symbol der Vergebung gedeutet werden.

Orchideen werden auch oft gewünscht

Die Orchidee ist ein Symbol für Reichtum, Schönheit und Klugheit. Vor allem Schnitt-Orchideen drücken Bewunderung und Anerkennung für den Verstorbenen aus. Heimische Orchideenarten betonen neben Klugheit auch Robustheit.

Callas sind der Klassiker

Die Calla ist ein Symbol für Schönheit, Reinheit und Eleganz. Sie ist auch eine klassische Totenblume, die vor allem Unsterblichkeit verkörpert. Besonders weiße Callas stehen für Trost und Hoffnung auf ein Leben nach dem Tod. Rote, rosé- und orangefarbene Callablüten sind ebenfalls ein Symbol der Dankbarkeit und Wertschätzung.

Nelken zur Beerdigung

Die Nelke ist eine beliebte Blume für Beerdigungen, die vor allem Hoffnung (weiß), Freundschaft (rosa) und Liebe (rot) ausdrückt. Zudem eignen sich Nelken hervorragend für Verstorbene, die sehr gläubig waren, da die Blumen die Liebe zu und von Gott symbolisieren. Gelbe Nelken sollten jedoch vermieden werden, da sie für Missgunst stehen.

Vergissmeinnicht zum Begräbnis

Das Vergissmeinnicht drückt, wie sein Name schon sagt, den Abschied und das Gedenken der Angehörigen sowie den Willen und Wunsch aus, die gemeinsamen Erinnerungen zu bewahren. Im Gegensatz zu Rosen steht das Vergissmeinnicht eher für ein melancholisches Lebewohl als für leidenschaftliche Emotionen.

Sonnenblumen saisonal zur Beerdigung

Die Sonnenblume steht fest in der Erde und wendet sich stets der Sonne zu. Sie steht für Wärme, Entwicklung, Zuversicht und gute Wünsche. Sonnenblumen können als Botschaft an die Hinterbliebenen verstanden werden, nicht zu verzagen und positiv mit der neuen Lebenssituation umzugehen.

Was wir als Sargträger auch oft bei Beerdigungen oder besser gesagt nach Beerdigungen erleben, ist, dass die Kränze und Gestecke fotografiert werden. Damit die Angehörigen eine Erinnerung an die Blumen zur Bestattung haben. Oder um zu sehen, wer welchen Kranz oder welches Gesteck gekauft hat. Vielleicht aber auch, um zu sehen, ob beispielsweise Frau Meier tatsächlich ein riesiges Gesteck gegeben hat und es nicht nur behauptet.

Wir erleben mitunter Beerdigungen, da überbieten sich die Hinterbliebenen gegenseitig mit den Kränzen und Gestecken, um zu zeigen, wie wichtig ihnen der Verstorbene war. Und es kommt vor, dass wir eine gefühlte Ewigkeit Kränze und Blumengestecke aus der Trauerhalle räumen müssen, ehe wir bis zum Sarg vordringen können.

Manchmal habe ich sogar den Eindruck, als werde bei manchen Beerdigungen genauso viel Geld für die Trauerfloristik ausgegeben wie für die ganze Beerdigung. Blumen sind wunderschön, aber auch nicht günstig. Wenn man bedenkt, wie groß ein Strauß Blumen ist, der 20 Euro kostet, dann ahnt man, welcher Preis für Kränze oder Gestecke zu zahlen ist.

Inzwischen bitten auch einige Angehörige darum, im Sinne des Verstorbenen von Blumen als Grabbeigabe abzusehen und das Geld besser für einen guten Zweck zu spenden. Eine solche Gedenkspende bietet die Möglichkeit, im Namen des Verstorbenen noch etwas Gutes zu tun und damit auch sein Andenken zu bewahren.

Zu guter Letzt sollte man auch nicht vergessen: Nicht jeder nahestehende Herzensmensch kann sich heute noch einen üppigen Blumenstrauß finanziell leisten. In solchen Fällen genügt auch eine einzige Blume, um durch ihre Symbolik das Wichtigste mitzuteilen.

15.
Das Sarggesteck

Häufig liegt auf dem Sarg noch ein Blumengesteck, das wir vor der Bestattung meist abnehmen – oder es wird mit beerdigt. Wenn wir es abnehmen, dient es später auf dem geschlossenen Grab als Grabschmuck. Abgenommen wird es von uns Sargträgern meist am Grab, wenn der Sarg auf den Balken über dem Grab steht. Manchmal ist das allerdings schwieriger als gedacht, denn oft hält Klebstoff das Gesteck auf dem Sargdeckel fest. Und es ist eine Kunst, es von dort zu ziehen, zu drehen und zu lösen. Man muss aufpassen, dass man beim Rupfen die Blumen nicht zerpflückt. Die Angehörigen wundern sich manchmal, wie wir da hantieren. Wenn man dann noch Pech hat, ist das Sarggesteck zusätzlich mit Blumendraht gesichert, der meistens mit den Verschlüssen des Sarges verbunden ist. Den muss man dann zunächst einmal abfriemeln, ehe man das Sarggesteck abnehmen und mit den hoffentlich noch verbliebenen Blumen auf den Grabhügel legen kann.

Ich erinnere mich an einen Fall, da hatten wir auch die Bitte der Hinterbliebenen erhalten, das Sarggesteck vorher abzunehmen. Der Sarg stand auf den Balken, und bevor nun die letzten Worte gesprochen werden sollten, hatte ich die Aufgabe, das Sarggesteck zu entfernen. Vorsichtig griff ich nach dem Holzbrett, auf dem das Gesteck befestigt war. Ich wollte das Brett leicht drehen, denn so löst sich meist der Kleber am besten vom Sargdeckel. Ich drehte, aber nichts, wirklich rein gar nichts bewegte sich. Also versuchte ich, unter das Brett zu greifen, doch das ging nicht.

Was ist das denn für ein Superkleber, da hat es wohl wieder einer übertrieben, dachte ich und versuchte, mir nichts anmerken zu lassen. Was allerdings nicht funktioniert, wenn die Blicke der Kollegen, des Geistlichen und der Trauergesellschaft auf einen gerichtet sind. Nun griff ich etwas beherzter zu, doch wieder bewegte sich das Gesteck kein Stück. Nur der Sarg wackelte.

Langsam wurden meine Kollegen unruhig. Einer von ihnen versuchte mir zu helfen, doch nichts passierte, das Sarggesteck bewegte sich keinen Zentimeter. Wir beide zerrten, drehten und zogen weiter an dem Holzbrett, als meinem Kollegen ein halblautes „Na, jetzt komm schon!“ entwich. Die ersten Blumen fielen aus dem Gesteck und wir zogen daraufhin etwas vorsichtiger an der fest sitzenden Blumenpracht. Ein weiterer Kollege kam dazu und packte mit an. Jetzt waren es sechs erwachsene Hände, die an dem Sarggesteck zogen.

Mein flüchtiger Blick in Richtung der Trauergesellschaft ließ mich Verwirrung sehen über das, was sich gerade vor ihren Augen abspielte.

„Es will wohl nicht, Sie müssen fester drehen“, hörte ich den Geistlichen sagen.

Ein weiterer Kollege, der uns drei nun beim Zerren und Drehen unterstützte, antwortete ihm leicht genervt, aber noch mit dem Versuch, freundlich dabei zu wirken: „Danke für den Tipp, aber wir drehen ja.“

Mit nunmehr acht erwachsenen Händen arbeiteten wir an dem Sarggesteck, das auf einer 80 Zentimeter langen Holzplatte befestigt war, aber nichts bewegte sich. Mit einem verlegenen Lächeln entschuldigte ich mich bei der Trauergesellschaft und sammelte die Blumen ein, von denen sich immer mehr aus dem Gesteck verabschiedeten.

Der älteste Kollege aus unserem Team, der ein wenig schwerhörig ist und dadurch immer lauter spricht, als er es selbst von sich denkt, polterte los: „Was macht Ihr denn da?! Was ist das denn für ein Mist? Jetzt lasst mich mal.“ Doch dieses Mal schien er selbst von der Lautstärke seiner eigenen Worte etwas überrascht und entschuldigte sich sogleich bei der wartenden Trauergesellschaft. Seine Hände beteiligten sich am Ziehspiel und nun waren zehn erwachsene Hände am Holzbrett zugange.

Als dann plötzlich unter den Blumen etwas Metallisches aufblitzte, erkannten wir gleich, warum sich das Sarggesteck keinen Zentimeter bewegen ließ. Wir teilten sofort unsere Entdeckung den wartenden Angehörigen mit: „Da ist eine Schraube." – „Guck mal, da ist 'ne Schraube." – „Da ist eine Schraube, kein Wunder, dass es nicht abgeht."

Ich glaube, jeder von uns sechs Sargträgern hat mindestens einmal gesagt „Da ist eine Schraube", um zu rechtfertigen, was uns solche Probleme bereitet hatte. Auch der Geistliche warf seinen Kennerblick in Richtung Sarg und verkündete der Trauergesellschaft ebenfalls: „Da ist eine Schraube."

Nun begegnete man uns mit wohlwollendem Kopfnicken und einem verständnisvollen Lächeln. Dazwischen hörten wir in der ansonsten schweigenden Trauergesellschaft immer wieder jemanden das Wort „Schraube" flüstern.

In dem Glauben, dass unsere Entdeckung ausreichte, um mit der Bestattung fortzufahren, ergriff der Geistliche das Wort. Doch sofort wurde er von der Witwe unterbrochen: „Die Blumen müssen aber trotzdem ab, schließlich ist am Gesteck eine Schleife mit meinem Namen dran."

Langsam wanderten unsere Blicke über den Geistlichen hinweg zu der Witwe, die das natürlich mitbekam: „Da müssen Sie gar nicht so erstaunt gucken. Das Gesteck muss ab."

Mit ruhigen Worten versuchte der Sohn seiner Mutter zu erklären, dass dies nicht möglich wäre, da es ja festgeschraubt sei.

Doch seine Mutter ließ sich von ihrem Gedanken nicht abbringen und wollte partout nicht, dass ihr Gesteck mit ihrer Schleife mit beigesetzt wird. „Dann kannst du mich ja gleich mit deinem Vater beerdigen“, lautete ihr Totschlagargument. (Ich bitte um Entschuldigung für das Wort in diesen Zusammenhang, aber es passt so gut.)

Wir waren noch etwas ratlos wegen der Situation und wie es jetzt weitergehen sollte, als einer meiner Kollegen den rettenden Einfall hatte: „Ich hole einen Akkuschrauber beim Friedhofsgärtner.“ Mit diesen Worten verabschiedete er sich sofort und kam kurz darauf mit einem Akkuschrauber zurück. Insgesamt haben wir sieben Schrauben aus dem Sargdeckel gedreht, um das Holzbrett des Gestecks zu lösen. *Da hat es aber einer sehr gut gemeint,* dachte ich nur. Wohl nach dem Motto: Wir haben noch Schrauben übrig, die machen wir jetzt da rein und dann ist Feierabend.

Es gibt aber auch Fälle, das sei hier noch kurz erwähnt, da ist das Sarggesteck gar nicht befestigt und rutscht bei jeder Bewegung auf dem Sarg hin und her.

Anschließend verlief die Beerdigung wie geplant und am Ende waren alle zufrieden. Alle? Nicht ganz. Vom Sohn der Witwe erfuhren wir später durch Zufall, dass seine recht resolute Mutter noch ein ausführliches Gespräch mit dem Floristen hatte.

16.
Die Prothese

Es gibt eine Geschichte, die ich leider nicht selbst erlebt, aber von meinen Kollegen erzählt bekommen habe. Sie muss unbedingt mit in dieses Buch. Ich hätte Geld dafür bezahlt, wenn ich sie selbst hätte erleben können. Sie gehört zu meinen absoluten Lieblingsgeschichten, wenn es darum geht, Kollegen nach ihren schönsten Erlebnissen auf dem Friedhof zu fragen. Ich finde sie so kurios, absurd und einfach lustig, dass ich sie hier gerne schildern möchte:

Die Beerdigung fand im Bergischen Land statt und war bis dahin eine ganz gewöhnliche Beerdigung mit einem gemischten Team von Sargträgern. Mit dabei war auch ein etwas älterer Kollege mit einer Beinprothese. Die Prothese war schon ein etwas in die Jahre gekommenes Modell, das mit mehreren Gummibändern am Oberschenkel befestigt wurde. Dies sollte dem Patienten genügend Halt geben und den Stumpf mit der Prothese verbinden. Der Kollege kam mit dem älteren Modell gut zurecht und hatte keine weiteren Einschränkungen dadurch.

Bei der Beerdigung trug der Kollege mit seinem Handicap in der Mitte, um generell weniger Gewicht tragen zu müssen. Wie üblich wurde der Sarg aus der Trauerhalle und mit dem Katafalkwagen zum Grab gebracht und anschließend auf die Balken gestellt. Als der Geistliche kurz darauf das Zeichen gab, wurde der Sarg gemeinsam angehoben. Die Kollegen in der Mitte zogen wie gewohnt die Balken und standen mit den Seilen in der Hand um den Sarg herum, um ihn dann abzulassen. So weit, so gut.

Doch dann nahm das Unheil seinen Lauf. Leider hatte der Kollege mit der Prothese nicht bemerkt, dass seine Schuhspitze viel zu weit zwischen dem Grabloch und dem angehobenen Sarg über das Grab hinausragte. Als der Sarg dann abgesenkt wurde, klemmte sich der vordere Teil seines Schuhs unter dem Sarg, zwischen Sarg- und Grabwand, fest. Und natürlich hatte es genau das richtige Bein erwischt, nämlich das mit der Prothese.

Der schwere Sarg wurde weiter hinuntergelassen, doch der Kollege sagte nichts. Kein „Halt!“, kein „Stopp!“, einfach nichts. Er muss aber wohl mit verkniffenem Gesicht an seinem Bein herumgefummelt und leise Töne vor sich hin gemurmelt haben. Währenddessen fuhr das Team natürlich mit dem Ablassen des Sarges fort. Die Kollegen bemerkten nichts von der Situation, in der sich ihr Kollege befand. Nicht einmal, dass die Gummibänder am Bein des Prothesenträgers immer länger und länger wurden. Und auch nicht, dass der Kollege immer noch irgendein unverständliches Zeug vor sich hin brabbelte.

Bevor irgendjemand auch nur irgendwie reagieren konnte, passierte es: Das Gummi der Prothese war so gespannt wie das einer Zwille, wenn man sie ganz nach hinten zieht. Und nun, durch das Drehen und Ruckeln des eingeklemmten künstlichen Fußes, löste sich die gesamte Prothese und schoss mit eben dieser Spannung, also in voller Wucht, dem älteren Herrn in die Kronjuwelen.

Ein lauter Schrei durchschnitt die Stille der Beisetzung. Vor lauter Schreck und Schmerz stürzte er stöhnend und jaulend nach hinten, ließ das Seil los und griff sich mit schmerzverzerrtem Gesicht zwischen die Beine. Dabei rollte er auf das Nachbargrab und blieb dort erst einmal liegen. Die Kollegen waren von der Situation völlig überrascht, ließen aber zum Glück den Sarg nicht los, sondern brachten ihn noch sicher bis runter auf die Grabsohle.

In dem Moment, als die Trauergemeinde die Situation realisierte, brach vereinzelt ein lautes Gelächter aus, selbst der Geistliche konnte sich vor Lachen nicht mehr halten. Die Kollegen eilten nach dem Ablassen des Sarges sofort ihrem Kollegen zu Hilfe, wussten aber auch nicht, ob sie lachen oder weinen sollten.

Nach kurzer Erstversorgung konnte die Prothese gerichtet und der ältere Kollege wieder aufgerichtet werden. Aus der Trauergemeinde hörte man noch so manches unterdrückte Lachen und jemanden die Worte sagen: „Ach Gott, der Arme tut mir leid …“ Und im nächsten Moment wieder ein Lachen.

In diesem Moment der Beerdigung, so berichteten mir die Kollegen, hatte die Witwe mehr Tränen vor Lachen in den Augen als vor Trauer. Das erinnerte mich an ein Bibelzitat des Predigers Salomo:

„Ein jegliches hat seine Zeit, und alles Vorhaben unter dem Himmel hat seine Stunde: Geboren werden hat seine Zeit, sterben hat seine Zeit; (…) weinen hat seine Zeit, lachen hat seine Zeit; …“[2]

Für Menschen, die in ihrer Trauer erstarrt sind, die vor Schmerz und Erinnerungen nicht mehr aus ihrer Erstarrung herausfinden, kann es sehr hilfreich sein, sich an die anderen Seiten des Lebens zu erinnern: an die Freude, das Lachen, den Humor. Bei Beerdigungen wird nicht selten gelacht, es ist eine Reaktion des Körpers auf die oft übermäßige Ernsthaftigkeit. Oft ist es dann ein „Ablachen“ der Anspannung. Und ich bin sicher: Wer lachen kann, wo er hätte weinen können, bekommt wieder Lust am Leben.

17.
In der Ruhe liegt die Kraft

In meiner langjährigen Zeit als Sargträger habe ich auch Urnen getragen, ich bin also nicht nur Sarg- sondern auch Urnenträger. Das kommt viel öfter vor, als man denkt. In Deutschland sind etwa zwei Drittel aller Beerdigungen Urnenbestattungen, und die Zahl steigt.

Die Urne besteht in der Regel aus einer schlichten Aschekapsel im Inneren und der repräsentativen Bestattungsurne, auch Schmuckurne genannt. In der Kapsel wird die Asche des Verstorbenen beigesetzt. Bei allen Arten der Feuerbestattung wird der Verstorbene zunächst in einem Krematorium eingeäschert. Nach der sogenannten Kremierung, der Feuerbestattung oder Einäscherung, werden Knochen und Zähne zusammen mit der Asche zermahlen. Die so entstandene Asche, etwa drei bis dreieinhalb Liter, wird dann in eine Aschekapsel gefüllt und dort sicher aufbewahrt. Diese Kapsel besteht meist aus Eisen oder Keramik. Sie kann in eine Schmuckurne gegeben werden, das ist jedoch nicht zwingend erforderlich, sondern dient lediglich der Verschönerung der Aschekapsel, beispielsweise für eine Trauerfeier. Schmuck- oder Überurnen sind aus verschiedenen Materialien gefertigt, zum Beispiel aus Metall oder Holz.

Bei vielen Bestattungsarten wird die Asche anschließend in der Urne beigesetzt. Traditionell erfolgt die Beisetzung auf einem Friedhof in einem Urnengrab. Möglich ist auch die Bestattung in einem Kolumbarium oder einer Stele. Ein Kolumbarium ist eine Urnenwand mit einzelnen Kammern für die Urnen. Diese werden meist mit einer Steinplatte verschlossen, auf der die Daten des Verstorbenen eingraviert sind.

Urnen werden auch bei verschiedenen Arten der Naturbestattung verwendet, zum Beispiel bei der Seebestattung. Dabei handelt es sich um biologisch abbaubare Urnen, die sich im Wasser auflösen. Auch Baumbestattungen in einem Friedwald werden ebenfalls mit Bio-Urnen durchgeführt. Es besteht zudem die Möglichkeit, dass die Asche auf einer sogenannten Aschestreuwiese verstreut wird.

Die Urne mit der Asche des Verstorbenen zu Hause aufzubewahren, ist in Deutschland bislang nicht erlaubt. Grund dafür ist das Bestattungsrecht, das Ländersache ist. Das heißt, jedes Bundesland darf über die Formen der Bestattungen und Beisetzungen selbstständig entscheiden. Jedoch herrscht noch in fast jedem Bundesland ein Bestattungszwang, der es vorsieht, dass die Totenruhe nur auf einem Friedhof oder in einem Bestattungswald gewährleistet ist.

Eine einzige Ausnahme gibt es lediglich im Bundesland Bremen. Dort hat die Landesregierung 2015 erlaubt, die Asche verstorbener Menschen an privaten Orten zu verstreuen. Vier Jahre später wurde das Gesetz sogar noch ausgeweitet. Mittlerweile ist es erlaubt, die Asche an öffentlichen Orten zu verstreuen, sofern dies zuvor in einer Bestattungsverfügung festgehalten wurde. Die Urne mit der Asche darf jedoch auch hier nicht zu Hause aufbewahrt werden.

Schmuckurnen sind in verschiedenen Formen, Größen und Gestaltungen erhältlich. Von der Herzform bis zur Form eines Fußballs ist alles dabei, und ich durfte schon die verschiedensten Urnen beisetzen. Eine Urne ist mir besonders in Erinnerung geblieben. Es war die eines jungen Mannes, der ein großer Star-Wars-Fan war. Unterschiedliche Star-Wars-Figuren zierten die Urne, und bei der Trauerfeier wurde zum Auszug die Hymne von Darth Vader gespielt. Der Bestatter erzählte uns, er habe für die Urne extra die Rechte bei Disney einholen müssen und es sei ihm lediglich erlaubt gewesen, nur alte Charaktere aus der ersten Star-Wars-Trilogie auf der Urne abzubilden, sonst hätte der Disneykonzern rechtliche Konsequenzen angedroht. Ich sagte ihm, wahrscheinlich sinne schon jetzt die Marketingabteilung von Disney über eine eigene Kollektion nach, man denke da nur an eine „Chewbacca"-Urne.

Doch selbst im Falle einer solchen Schmuckurne benötigt diese im Inneren Bänder, mit deren Hilfe die Urne bei einer Erdbestattung ins Grab gelassen wird. Die Bänder sind nur durch zwei kleine Knöpfe auf der Außenseite sichtbar. An diesen muss man ziehen, damit die Bänder herauskommen. Meistens werden sie vor einer Trauerfeier herausgezogen, zusammengeknotet und hinter der Urne, von den Trauergästen nicht sichtbar, drapiert.

Geschieht dies nicht vor einer Beisetzung, weil man es vergisst oder die Angehörigen es nicht wollen, kommt es oft zu ungewollten Verzögerungen am Grab. Das Hantieren an der Urne erinnert dann – man möge mir in diesem Zusammenhang den Vergleich bitte verzeihen – an schlechte Party- oder Hochzeitspiele, bei denen man mit Backofenhandschuhen einen Faden durch ein Nadelöhr führen muss. Aber man stelle sich dieses Szenario bei einer Trauerzeremonie, die zügig, elegant und vor allem pietätvoll abgehalten werden soll, nur einmal vor:

Zwei ältere Herren – vielleicht etwas grobmotorisch veranlagt, vermutlich altersbedingt auch noch kurzsichtig – jeweils mit weißen Baumwollhandschuhen bekleidet, versuchen ein flaches, glattes und unscheinbares Knöpfchen aus einer glatten Schmuckurne zu ziehen. Die Schmuckurne wird währenddessen auf einer Urnentrage vom anderen grobmotorischen wie kurzsichtigen

Mann mit beiden Händen gehalten, der vielleicht altersbedingt einen leichten Tremor hat … Ich sage nur: Dagegen ist eine Operation am offenen Herzen ein Klacks.

Bei einer meiner ersten Urnenbeisetzungen durfte ich dieses Schauspiel als Träger der Urnentrage erleben. Mein älterer Kollege ließ sich aufgrund seines Alters und seiner Erfahrung einfach nicht aus der Ruhe bringen. Mit stoischer Gelassenheit versuchte er immer wieder, dieses Knöpfchen aus der Urne zu ziehen, wobei er mit seiner Hand wiederholt über die Urne strich und sagte: „Jetzt … ne. Jetzt, gleich hab ich's … Doch nicht … Aber jetzt … Ach herrje."

Ich flüsterte ihm zu: „Zieh doch die Handschuhe aus."

„Ne, ne, das klappt schon."

So dauerte das Ganze eine gefühlte Ewigkeit – vor den Augen der trauernden Witwe und der Trauergemeinde. Er ließ sich partout nicht aus der Ruhe bringen, während ich immer nervöser wurde. Da zeigte sich die Gelassenheit des Alters und die Erfahrung, aber auch die Körperlichkeit des Alters, vor allem als es darum ging, die Urne abzulassen. Denn er ging nicht, wie man es sonst macht, auf ein Knie, um die Urne aus einer geringen Höhe an den Bändern ins Urnengrab gleiten zu lassen. Nein, ganz im Gegenteil. Nachdem er endlich die Bänder befreit hatte, ließ er die Urne zunächst an den langen Bändern über dem Urnengrab baumeln und dann los. Die ganze Trauergesellschaft, inklusive mir, hielt in dem Moment, als die Urne fiel und geräuschlos ins Grab flutschte, den Atem an. Der ältere Kollege verzog keine Miene, er verbeugte sich kurz und ging vor aller Augen in Seelenruhe vom Grab weg. Für ihn war alles perfekt und ganz normal verlaufen. Wir jedoch standen alle mit offenem Mund da, während unsere Blicke ihm stumm folgten.

Ich erwachte aus meiner kleinen Schockstarre, verbeugte mich am Grab und ging schnell hinter meinem älteren Kollegen her. Ich war perplex und völlig überrumpelt über das Ablassen der Urne, aber gleichzeitig hätte ich jubeln können über diese Coolness und Selbstverständlichkeit, mit der er die Urne ins Grab „abgelassen“ hatte. Zum Glück war alles gut gegangen und die Urne war ohne kaputtzugehen im Grab gelandet. Auf meine Frage, ob man nicht besser auf das Knie gehen sollte, damit die Urne bei der Landung nicht kaputt geht, antwortete er nur: „Ne, ne, das passt schon so.“

Ich vergleiche dieses Erlebnis gerne mit der Situation auf der Theaterbühne, wenn man einen Texthänger hat. Passiert so etwas zum ersten Mal, ist es der blanke Horror. Innerlich rasen dann die Gedanken, wie es jetzt weitergeht: *Kommt jetzt mein Text? Bin ich dran oder der Schauspielkollege? Sagt jetzt bitte jemand was? Warum gucken mich alle an? Bin ich dran? … Jetzt bloß keine Panik … Mist, sie gucken mich immer noch an und das Publikum merkt es … Ich weiß nicht … So ein Sch…! Hilf mir doch jemand!*

Wenn man Glück hat, greift ein Kollege rechtzeitig ein und spricht in die Situation hinein. Äußerlich versucht man natürlich Ruhe zu bewahren, aber der leere Blick, das Stammeln, die Blässe im Gesicht und der Schweiß auf der Stirn verraten einen. Es ist der totale Blackout. Solch eine Situation, so oder so ähnlich, hat bestimmt jeder schon einmal erlebt. Und je mehr Erfahrung man damit hat, desto galanter geht man damit um. Ich habe sogar schon Kollegen kennengelernt, die bauen so etwas förmlich in ein Stück mit ein, um dem Publikum das Gefühl zu geben, dieser

Abend ist einmalig und der Fehler unterstreicht nur das Live-Erlebnis. Keine Sorge, bei einer Beerdigung halte ich das für absolut unangebracht.

Einmal habe ich miterlebt, wie ein älterer erfahrener Schauspielkollege in der Rolle eines Königs einen Texthänger hatte. Er saß auf seinem Thron und hatte einen wichtigen Monolog vor sich, aber plötzlich wusste er nicht mehr weiter im Text. Stille. Und wir, die mit ihm auf der Bühne standen, wussten auch nicht so recht, wie man ihm nun helfen konnte. Hätten wir etwas gesagt, hätte das die Szenerie auf der Bühne zerstört und das Publikum hätte es gemerkt. Weiterhin herrschte Stille auf der Bühne. Die anderen Schauspieler tauschten Blicke untereinander, dann ein Räuspern. Der König stand von seinem Thron auf und blieb dabei ganz ruhig. Hoch erhobenen Hauptes ging er vom Thron über die Bühne, an uns wartenden Schauspielern vorbei. Da war keine Nervosität oder Unruhe in seiner Mimik. Majestätisch lief er über die Bühne bis zur Seitengasse, dem Abgang, rechts oder links neben einer Bühne. Kurz bevor er völlig verschwunden wäre, blieb er stehen, mit Blick in die Seitengasse. Er nickte zweimal in die Seitengasse, drehte sich um und lief wieder majestätisch zurück auf seinen Thron und setzte sich. Dort führte er dann ganz selbstverständlich seinen Monolog fort. Und die Zuschauer dachten, die Szene sei komplett so inszeniert worden.

Als junger Schauspieler war ich absolut fasziniert von so viel Souveränität auf der Bühne, aber ich wusste auch, dass sie nur durch jahrelange Arbeit erreicht wird. Der ältere Schauspielkollege ist leider schon gestorben, und bevor die Frage aufkommt: Ich habe ihn nicht beerdigt.

Der ältere Sargträger-Kollege ist nach einem kleinen Zwischenfall in seinen wohlverdienten Ruhestand gegangen. Bei diesem hatte er während einer Beerdigung gegen den Griff des Sarges getreten, um diesen einzuklappen. Er könne sich halt nicht mehr so gut bücken, lautete seine Begründung. Und zu guter Letzt spuckte und klatschte er voller Tatendrang in die Hände, bevor er das Seil nahm, um mit dem Ablassen des Sarges zu beginnen. Im Nachhinein wusste er dann selbst, dass es für ihn Zeit war, aufzuhören.

Von beiden Kollegen habe ich viel gelernt, über die Arbeit und das Leben. Vor allem, dass das Alter zwei Dinge für uns bereithält: die Souveränität, die Dinge etwas ruhiger angehen zu lassen, und die Ruhe beziehungsweise Gelassenheit, sich souverän von Dingen zu verabschieden.

18.
Was nicht passt, wird … auch nicht passen

Dass man als Urnenträger nicht immer davon ausgehen kann, dass die Größe einer Schmuckurne auch zu der Größe eines Grablochs passt, musste ich auch bei Beisetzungen feststellen.

Mein Kollege und ich kamen zu einer Beerdigung und sahen auf den ersten Blick, dass die Urne außergewöhnlich breit war und auf dem Deckel der Urne ein extragroßes Blumenbouquet lag. Als wir beim Bestatter nachfragten, ob das denn so passen würde, hieß es, er habe mit dem Friedhofsgärtner gesprochen und es sei überhaupt kein Problem. Außerdem sollten wir uns um nichts kümmern, was uns nicht direkt betreffe. Der Bestatter war nicht gerade unser Freund und sein Umgang mit Menschen ließ zu wünschen übrig. Er schwebte förmlich vor Eitelkeit und Selbstüberschätzung über den Friedhof und nahm sich selbst wichtiger als den Dienst am Verstorbenen, um den es bei einer Beerdigung geht.

Uns blieb nichts anderes übrig, als seine Antwort zu akzeptieren, und wir vertrauten der Richtigkeit seiner Aussage. Allerdings war unsere Unsicherheit in Bezug auf die Größe des Urnengrabes stärker, sodass wir beschlossen, noch einmal zur Grabstätte zu gehen, um uns selbst von der Größe des Grabloches zu überzeugen.

Wir standen nun beide vor dem Grab und wären uns einig, dass es nie im Leben passen würde – oder wir waren beide blind. Da die Trauerandacht schon angefangen hatte, sprachen wir mit dem Friedhofsgärtner. Doch er versicherte uns, dass er alles exakt ausgemessen habe und dass es genau passe. Wenn wir aber der Meinung seien, dass es so nicht sei, könne er noch mal zum Grab gehen und den grünen Kunstrasen entfernen, der das Grab schmückte.

Kurz zur Erklärung: Damit ein Urnengrab nicht aussieht wie ein normales Erdloch in der grünen Wiese, wird die Grabstätte mit einer grünen Kunstrasenrollmatte verkleidet, in deren Mitte ein Loch ist.

Die Trauerfeier neigte sich dem Ende zu, und wir wurden in die Friedhofskapelle gerufen, um den letzten Gang mit dem Verstorbenen zu gehen. Mit der Urnentrage in der Hand betraten wir die Kapelle, verneigten uns vor der Urne und befestigten die übergroße und überbreite Urne auf der Trage. Die Urnentrage ist am ehesten zu vergleichen mit einem Tablett, das rechts und links Tragegriffe und in der Mitte eine Halterung für die Urne hat.

Auf dem Weg zum Grab mussten wir die Urne ständig ausbalancieren, da sie durch ihre Größe nicht richtig befestigt werden konnte. Zum Glück waren mein Kollege und ich von der Statur in etwa gleich groß, sodass wir keine Schräglage aufgrund unterschiedlicher Körpergröße ausgleichen mussten. Man stelle sich aber den Balanceakt ruhig einmal vor: Man trägt zu zweit ein Tablett, auf dem eine hohe, schwere Vase steht und oben drauf noch ein überproportional großes Blumenbouquet. Und damit läuft man etwa 1,5 Kilometer geradeaus über die Wege eines weitläufigen Friedhofs.

Am Grab angekommen stellten wir uns hinter dieses und schauten mit verstohlenem Blick immer mal wieder zur Urnengraböffnung. Wir versuchten mit bloßem Augenmaß abzuschätzen, ob die Urne wohl hineinpassen würde. Der Friedhofsgärtner hatte zwar wie besprochen die Kunstrasenmatte entfernt, aber auf den Durchmesser der Öffnung hatte dies keine sonderliche Auswirkung.

Ich spürte, wie mein Kollege noch einmal in Richtung Grab schaute, ehe ich ihn sagen hörte: „Du lässt ab.“ Ich nickte nur stumm und dachte mir: *Großartig, das wird nie was.* Nachdem wir das Zeichen vom Geistlichen bekommen hatten, drehte ich mich zu meinem Kollegen um, sah ihn an und flüstert ihm leise ein ironisch gemeintes „Danke“ zu.

Mit der rechten Hand nahm ich die beiden Bänder und hob den Giganten von Urne an. Mein Kollege senkte die Urnentrage und ich fasste mit der linken Hand schnell unter die Urne. Dann kniete ich mich langsam nieder und brachte die Urne über die Öffnung des Grabes. Ich nahm die linke Hand weg und spürte nun das ganze Gewicht der Urne an den Bändern in der rechten. Nun ließ ich sie langsam ab und war mir so sicher, dass sie nicht hineinpassen würde, doch … plötzlich glitt sie langsam ins Grab hinein. Stück für Stück, immer weiter, senkte sie sich in das Urnengrab.

Ich war innerlich sehr glücklich, dass es geklappt und wir uns geirrt hatten. Hätte ich in dem Moment meinen Kollegen angeschaut, hätte er mir wahrscheinlich wohlwollend zugenickt und die Daumen nach oben gedrückt. Doch dann wurde meine innere Euphorie schlagartig unterbrochen. Meinen rechten Arm senkte ich zwar ab, doch die Bänder blieben nicht stramm, sondern gaben nach, und aus dem Urnengrab schaute das komplette Blumenbouquet raus. Es war bündig mit der Rasenfläche und sah nun aus wie ein gewachsenes Blumenbüschchen im Rasen. Ich hob meinen Arm an und brachte somit wieder Spannung auf die Bänder der Urne, aber nichts passierte, gar nichts. Die Urne ließ sich nicht mehr anheben und nicht mehr senken, sie steckte fest. Ich probierte es noch einmal, aber nichts passierte, außer dass die Bänder abwechselnd locker und stramm wurden.

Mein Kollege flüsterte mir in dem Moment zu: „Drück mit der anderen Hand nach.“ Ich hielt die Schnur fest und drückte leicht mit der anderen Hand, am Rand der Urne nach. Nichts, rein gar nichts passierte, außer dass ich merkte: Die Urne steckt fest.

Ich schaute nach vorne zur Trauergemeinde und erblickte die Witwe, wie sie mich mit großen Augen fragend ansah. Ich zuckte nur mit den Schultern und sagte: „Die Urne passt nicht rein, das Loch ist zu klein oder die Urne ist zu groß." Dann stand ich auf und meine Blicke suchten den Bestatter, der aus der hintersten Reihe mit rotem Kopf nach vorne kam und sich bei der Witwe entschuldigte. Dann versuchte er sein Glück. Er drückte und drehte an der im Boden feststeckenden Urne.

Mein Kollege meinte noch, das sei keine gute Idee. Und er sollte recht behalten. Denn plötzlich hörten wir die Urne geräuschvoll ins Urnengrab fallen. Der Deckel hatte sich gelöst und steckte nun samt Blumenbouquet im oberen Bereich des Grabes fest. Der Bestatter hatte vermutlich durch das Drehen und Drücken den Deckel von der Urne gelöst, sodass der Urnenkörper in das breiter werdende Grab fiel. Oben auf Höhe der Grasnarbe steckte nun der Deckel samt Blumenbouquet fest. Es herrschte Stille.

Nach einer kurzen Pause teilten wir dem Bestatter mit, dass wir jetzt, wie im Vorfeld mit ihm abgesprochen, zur nächsten Beerdigung müssten. Es täte uns leid, sagten wir ihm, aber ansonsten würden wir es nicht rechtzeitig zur nächsten Beerdigung schaffen. Wir spürten, dass er sich darüber aufregen wollte, er hielt aber rechtzeitig inne, um vor der Trauergesellschaft nicht sein Gesicht zu verlieren. Er verabschiedete sich von uns und bat uns noch darum, sofort den Friedhofsgärtner zu informieren.

Wir verbeugten uns vor dem Grab, entschuldigten uns bei der Witwe für die Unannehmlichkeiten und gingen zum Ausgang. Als wir uns aus der Entfernung noch einmal umdrehten und das

Blumenbouquet im Wind wackeln sahen, konnten wir uns ein Schmunzeln nicht verkneifen.

Ähnlich erging es mir einmal, als ich eine herzförmige Schmuckurne in ein rundes Urnengrabloch beerdigen sollte. Das war einfach nicht möglich. Zum Glück war ein Friedhofsgärtner zur Stelle, der das Loch kurzerhand vergrößerte.

Im Laufe der Jahre entwickelt man ein Auge dafür, was passt und was nicht. Des Öfteren passiert es auch, dass der Blumenschmuck an der Urne so überladen ist, dass die Urne nicht ins Kolumbarium oder in die Stele passt. Dann steht man vor dem Kolumbarium und fummelt den Blumenschmuck von der Urne, während die Trauergäste sich wundern, was wir da mit dem Blumenschmuck machen. Manchmal ist weniger eben mehr.

Für die Witwe und die Trauergesellschaft tat es uns wirklich leid, aber für den Bestatter und den Friedhofsgärtner nicht. Es war optisch so eindeutig, dass es nicht passen würde, dass ich den beiden am liebsten einen Sehtest empfohlen hätte. Aber auch dieser hätte gegen die Eitelkeit des einen und die Ignoranz des anderen nicht geholfen.

Man sagt zwar, was nicht passt, wird passend gemacht, aber im Leben und im Tod funktioniert das nicht. Ich kann versuchen, mir mein Leben passend zu machen, aber das geht nicht, wenn ich voller Ignoranz und Eitelkeit mit meinen Mitmenschen umgehe. Irgendwann wird mir dieses Verhalten auf die Füße fallen und ich muss mich mit der Realität meiner Handlungen auseinandersetzen. Dann kann man wieder versuchen, es zu ignorieren, und versuchen, es sich passend zu machen. Aber man wird nie als

Mensch wachsen, wenn man sich alles passend macht. Man muss lernen, Fehler einzugestehen, um an ihnen zu reifen. Schließlich kann man sich Fehler nicht passend machen, ohne sich selbst zu belügen. Das wäre ignorant und eitel.

Sich selbst und seine Fehler zu akzeptieren, sie anzunehmen und zu versuchen, damit umzugehen, sie zu ändern, kann helfen, sich selbst zu verstehen und zu lieben.

Letztlich kann man sich den Tod auch nicht passend machen, man kann ihn auch nicht ändern. Er ist für den Verstorbenen und die Hinterbliebenen eine endgültige Entscheidung, die es zu akzeptieren und anzunehmen gilt.

Nichts geht ohne Statistik

Im Jahr 2023 gab es in Deutschland nach vorläufigen Angaben 1,02 Millionen Sterbefälle.[3] Somit ist die Zahl der Gestorbenen im Jahr 2023 im Vergleich zum Vorjahr 2022 (1,06 Millionen Sterbefälle) um ca. 4,3 Prozent gesunken.

Gründe für den Rückgang der Sterbefälle

Das ist der erstmalige Rückgang der Sterbefallzahlen seit 2019 (939.520 Sterbefälle). Das liegt allerdings an den besonders hohen Fallzahlen während der Coronapandemie von 2020 (985.572 Sterbefälle) bis 2022 (1.066.341 Sterbefälle), im Jahr 2021 gab es 1.023.687 Sterbefälle. Damals war der Anstieg deutlich höher als in den Jahren zuvor. Auch die Lebenserwartung ist während der Pandemie gesunken. Mit 1,02 Millionen Toten gab es 2023 jedoch immer noch mehr Sterbefälle als in den Jahren vor 2020.

Urnen- oder Sargbestattung

Laut der Gütegemeinschaft Feuerbestattungsanlagen waren im Jahr 2022 rund 78 Prozent aller Bestattungen eine Urnenbestattung. Der Anteil der Sargbestattungen (22 Prozent) nahm im gezeigten Erhebungszeitraum tendenziell ab.

Urnenbestattungen werden immer beliebter

Die Anzahl der kirchlichen Bestattungen ist hierzulande seit Jahren rückläufig. Religiöse Bräuche und Traditionen verlieren an Bedeutung und nichtkirchliche Beerdigungsarten, wie beispielsweise die Feuerbestattung, werden immer beliebter. Ein klassisches Begräbnis erfolgt im Rahmen einer Trauerfeier in der Kirche oder einer Friedhofskapelle auf einem der bundesweit etwa 32.000 Friedhöfe.

Andere Aschebestattungen sind ebenfalls gefragt

Auch bei einer Seebestattung ist eine Verbrennung des Leichnams nötig. Die Asche wird danach im Meer beigesetzt. Immer beliebter werden auch Naturbestattungen. Hierbei wird die Asche des Verstorbenen auf Feldern, im Wald oder in Gebirgen verteilt. In den letzten Jahren sind in einigen Städten Bestattungswälder entstanden, in denen die Totenasche an Bäumen beigesetzt wird, ohne dass Grabmäler vorhanden sind. Aus einer Umfrage aus dem Jahr 2022 wird deutlich, dass sich eine relative Mehrheit der Befragten bei der Form der Bestattung für eine pflegefreie Beerdigung auf einem Friedhof oder eine Bestattung in einem Friedwald entscheiden würden.

Was kostet eine Beerdigung?

Die klassische Form der Beerdigung auf dem Friedhof ist die kostenintensivste, da auch Aufwendungen für den Grabstein sowie für die Pflege des Grabes auf die Angehörigen zukommen. Durchschnittlich kostet eine Beerdigung in dieser Form etwa 13.000 Euro. Feuer- sowie Seebestattungen sind mit 4.500 Euro preiswerter.

Der Tod ist für die Bestattungsindustrie die Geschäftsgrundlage, und zwischen Bestattungsunternehmen herrscht durchaus Konkurrenzkampf. Sowohl die Anzahl der Bestatter als auch die Umsätze im Bestattungswesen steigen seit Jahren kontinuierlich an.

Bestattungsfirmen kümmern sich nicht nur um die letzte Ruhestätte, sondern auch um Formalitäten und die Trauerfeier. Für viele Angehörige sind die hohen Kosten häufig ein Problem. Bei der Frage der Ausgabebereitschaft für eine Beerdigung gab die Mehrheit von 34 Prozent an, dass sie zwischen 2.000 bis 4.000 Euro ausgeben würde.

19.
Blaues Wunder

Wir waren mit dem Sargträgerteam zu einer Urnenbestattung gerufen worden. Es war Anfang des Jahres, das Wetter war nasskalt und ungemütlich. Wir trugen unsere schwarzen Hüte, an denen der Sprühregen gut abperlen konnte, und unsere dunklen, warmen Mäntel, die uns vor dem schlechten Wetter schützen sollten. Diese Kombination sieht sehr stilvoll aus und wirkt auf jeden Fall passend für den Rahmen einer Beerdigung bei schlechtem Wetter.

Die Urne stand schon auf dem Altar in der Kapelle, alles war bestens vorbereitet. Die Bänder waren zusammengeknotet und lagen drapiert hinter der Urne. Ich hatte mir vorher schon das Urnengrab angeschaut und die Streublumen zum Grab gebracht. Zudem hatte ich mir den Weg eingeprägt, um den Trauerzug zusammen mit meinem Kollegen schnellstmöglich und auf dem schönsten Weg zum richtigen Grab führen zu können.

Ich hatte es schon einmal mit einem älteren Kollegen erlebt, dass dieser sich den Weg zwar vorher angeschaut hatte, er sich ihn aber leider nicht hat merken können. Als wir damals losliefen, führte uns sein Gedächtnis mehrmals um die Grabstätte herum, aber unser Ziel erreichten wir so nicht. Wir gingen daran vorbei, erst rechts, dann links, dann waren wir plötzlich dahinter und der Weg von maximal fünf Minuten, wie wir später feststellten, dehnte sich zu einer halben Wanderung aus, da auch noch ein Stück des Weges gesperrt war. Wir umkreisten die Grabstätte wie ein Tier seine Beute.

Damit so ein Szenario nicht noch einmal passierte, hatte ich mir den Weg also gründlich angeschaut. Ich wartete vor der Kapelle auf meinen Kollegen, der pünktlich eintraf. Die Trauerzeremonie begann, wir unterhielten uns leise draußen vor der Kapelle und warteten auf das Zeichen, die Urne hinauszutragen. Als sich die Türen der Kapelle öffneten, war dies unser Zeichen loszugehen. Wir schritten durch die geöffneten Flügeltüren, setzten im Eingangsportal unsere Hüte ab, nahmen die Urnentrage vom Kapellenwart in Empfang und gingen in Richtung Altar.

Aber schon in dem Moment, als mein Kollege seinen Hut abnahm, müssen mir alle Gesichtszüge entglitten sein. Ich schaute ihn an wie das siebte Weltwunder, mit offenem Mund und weit aufgerissenen Augen. Im nächsten Moment hätte ich schallend loslachen können, so überrascht und gleichzeitig verwirrt war ich über den Anblick, der sich mir bot. Denn neben mir stand ein nach außen hin sehr seriös wirkender Mann, Anfang fünfzig, mit intensiv blau gefärbten Haaren.

Da wir uns schon seit Jahren gut kannten, war ich mir sicher, dass seine neue Haarfarbe keine Absicht war. Ich hatte sie vorher gar nicht bemerkt, weil er ja die ganze Zeit seinen Hut getragen und mich auch nicht vorgewarnt hatte. Wie gesagt, wir kannten uns wirklich schon lange, doch nie zuvor hatte ich ihn mit so einer interessanten Farbpracht auf dem Kopf gesehen. Ich musste mich sehr zusammenreißen in diesem Moment, denn meine Aufgabe war es schließlich, pietätvoll und ernst die Beerdigung zu beenden. Ich traute mich allerdings nicht mehr, ihn anzuschauen. Aus lauter Angst, ein Lachen könnte jede Sekunde lauthals aus mir herausplatzen.

Um mich herum sah ich die verwirrten Blicke der Trauergesellschaft, denen die blaue Haarpracht meines Kollegen mittlerweile auch aufgefallen war. Wir gingen nach vorne zum Altar, nahmen die Urne in Empfang und machten uns auf den Weg Richtung Grabstätte. Zum Glück setzte er draußen seinen Hut wieder auf. Ich versuchte, zwischendurch einen Blick von ihm zu erhaschen, und sah ihn fragend an. Doch er zuckte nicht einmal mit der

Wimper und führte das Bestattungsritual durch, als wäre nichts gewesen.

Meine Mundwinkel aber zuckten während der ganzen Bestattung und ich dachte mir mehr als einmal: *Was ist das? Warum nur? Was ist da bitte passiert? Midlife-Crisis?* Leider konnte ich ihn zu diesem Zeitpunkt, während der Beisetzung, natürlich nicht fragen. Gegen Ende nahmen wir noch einmal unsere Hüte ab, um uns zu verbeugen, und die blauen Haare strahlten mir im Tageslicht erneut in ihrer vollen Pracht entgegen, ja sie leuchteten schon fast wie das Blaulicht eines Polizeiautos.

Als wir das Grab verließen, konnte ich keine Sekunde länger warten. Prustend fragte ich ihn: „Was ist denn da bitte passiert?" und deutete auf seine Haarpracht.

„Ich hab' mich halt in der Tönung vergriffen", antwortete mein Kollege und zuckte mit den Schultern.

„Okay, aber das da …", ich zeigte mit dem Finger auf seine Haare, „kann man ja auch sicher wieder umtönen."

Er dachte kurz darüber nach, blickte mich an und meinte: „Ich habe die Tönung ja schließlich schon bezahlt, dann benutze ich die auch."

Seine Meinung konnte ich zwar nicht ganz nachvollziehen, aber ich empfand sie als sehr konsequent.

Danach hatten wir beide noch eine Sargbeisetzung, und als kleine Überraschung beschlossen wir, den anderen Kollegen nichts von der blauen Pracht zu erzählen. Unser Plan ging voll und ganz auf. In dem Augenblick, als er seinen Hut abnahm, um sich zu verbeugen, sah man bei den anderen vier Kollegen das gleiche überraschte und dumme Gesicht, das ich auch gemacht haben muss. Und im nächsten Moment blickten alle vier in eine andere Richtung, um sich weiter auf ihre Arbeit konzentrieren zu können. Man konnte förmlich ihre großen Fragezeichen und das „Warum“ über ihren Köpfen sehen.

Als wir dann am Grab standen, schauten immer noch alle in unterschiedliche Richtungen, um jeden Blickkontakt zu vermeiden. Dies zu beobachten, war einfach herrlich.

Damit dieses Erlebnis nicht missverstanden wird: Wir arbeiten ernsthaft, pietätvoll und gewissenhaft bei den Beerdigungen, und wir machen uns weder über den Toten noch über die Angehörigen lustig. Die Angehörigen und alle, die dabei waren, merkten nichts von all dem und waren am Ende dankbar für unsere geleisteten Dienste.

Nur wie in jedem Beruf, in dem man mit Menschen zusammenarbeitet, gibt es Geschichten und Erlebnisse, die aus dem Alltag der Kolleginnen und Kollegen in die Arbeit einfließen. Das kennen sicher viele: Da ist zu Hause gerade Land unter, weil der Kleine mal wieder krank ist und nicht in die Kita kann, da ist man schlecht drauf und lässt die Kollegen daran teilhaben, weil der Typ, für den man schwärmt, sich seit Tagen nicht gemeldet hat, oder man klagt über den Friseur, der am Wochenende sein Handwerk wohl nicht so verstanden hat, wie man es sich gewünscht hätte. Füreinander da sein, den Alltag miteinander leben, sich verstehen und gemeinsam Spaß haben – nur so kann man gute Arbeit leisten. Auch wenn zu Hause mal etwas schiefläuft.

20.
Allein in einem Einkaufsnetz

Ich kann mich an eine Urnenbestattung erinnern, da war ich sehr glücklich, dass ich da war. Es war die erste von insgesamt fünf Beerdigungen an diesem Tag. Es handelte sich um eine Sozialbestattung mit Urne und wie üblich war eine Stunde für die Beisetzung eingeplant. Egal um welche Art der Bestattung es sich auch handelt, wir nehmen uns die Zeit, die erforderlich ist, um einen Menschen auf seinem letzten Weg zu begleiten, und dies geschieht mit Würde und Anstand.

Schon früh am Morgen hatte ich mich auf dem Friedhof eingefunden, saß auf einer Bank vor der Friedhofskapelle und wartete auf den Bestatter. Nach kurzer Zeit kam ein Friedhofsgärtner auf mich zu, wir begrüßten uns kurz und er fragte er mich: „Wo ist denn die Urne?“ Ich sah mich kurz um und sagte, dass ich sie nicht habe und auch nicht sehen würde. Ein Lächeln war mit dabei, denn aus Erfahrung antwortete ich ihm, dass der Bestatter die Urne ja meist mitbringe.

„Der kommt aber nicht“, lautete seine Antwort darauf.

Tatsächlich war ich über die Antwort verwundert: „Wie? Der kommt nicht? Aber wo ist denn dann die Urne?“

„Genau das war ja meine Frage“, sagte der Friedhofsgärtner. Schließlich habe er damit gerechnet, dass ich die Urne dabeihabe.

„Also, ich habe keine Urne. Das wäre mir neu, dass wir die mitbringen. Aber ich kann gerne bei uns im Büro anrufen und vielleicht rufst du mal beim Friedhofsamt an“, schlug ich ihm vor.

Nachdem ich aus dem Büro erfahren hatte, dass sie auch dort nichts über den Verbleib der Urne wussten, sagte meine Chefin mir, sie versuche, den Bestatter zu erreichen, und werde sich dann so schnell wie möglich bei mir melden. Auch der Friedhofsgärtner hatte nach seinem Telefonat mit seinem Vorgesetzten keine neuen Erkenntnisse über den Aufenthaltsort der Urne.

Eigentlich ist jede Beerdigung sehr traurig, wenn keine Hinterbliebenen kommen, um Abschied zu nehmen, und der Verstorbene nur von uns ins Grab begleitet wird. Aber zu diesem Zeitpunkt war es natürlich unser Glück, dass wir allein waren. Jetzt nämlich in aller Frühe eine Diskussion darüber zu führen, wo denn die Urne von der Oma sei, wäre bestimmt eine sehr aufgebrachte und hitzige gewesen. Darauf konnte ich gerne verzichten.

Um die Zeit bis zum Rückruf zu überbrücken, zeigte mir der Friedhofsgärtner den Weg zur Grabstätte. Unterwegs unterhielten wir uns und waren uns einig, so etwas – dass eine Urne fehlt – noch nie erlebt zu haben. In dem Zusammenhang berichtete er mir aber von einem anderen Zwischenfall auf dem Friedhof. Da hatte man für die Beisetzung ein Urnengrab ausgehoben, der Bestatter kam dann allerdings mit einem Sarg. Und kurz darauf trudelten die sechs Sargträger und die Trauergesellschaft ein. Zum Abschluss der kleinen Geschichte meinte er nur trocken: „Das hätte niemals gepasst.“ Da gab ich ihm recht und wir beide mussten herzhaft darüber lachen.

Als ich mich bei ihm danach erkundigte, was man denn dann in der Situation getan hatte, antwortete der Friedhofsgärtner, dass man die Trauergesellschaft gebeten habe, in einer Stunde noch mal wiederzukommen, denn zum Glück gab es im Anschluss keine weitere Trauerfeier.

Unsere kleine Unterhaltung wurde plötzlich durch das Brummen meines Handys unterbrochen, am anderen Ende war das Büro des Trägerservices, bei dem ich tätig bin. In einem kurzen, freundlichen Telefonat mit meiner Chefin teilte sie mir mit, dass sie den Bestatter erreicht habe, aber sonst nicht viel weitergekommen sei, was das Auffinden der Urne betrifft. Der Bestatter habe ihr nur gesagt, dass jemand vom Sozialamt die Urne abgeholt hatte und diese vorbeibringen wollte, was er aber allem Anschein nach noch nicht getan hatte.

Während ich telefonierte, gab ich die Informationen meiner Chefin parallel an den Friedhofsgärtner weiter. Bei den Worten „vorbeibringen wollte" hielt er für einen Moment den Atem an. Dann weiteten sich seine Augen und er bekam den Mund nicht mehr zu. Und ich sah, wie er jetzt seinen rechten Zeigefinger ausstreckte und mit der Hand wackelte.

„Einen Moment bitte, ich glaube, hier weiß jemand was", hörte ich mich ins Telefon sagen und blickte den erstarrten Friedhofsgärtner an. Mit dem Gesichtsausdruck der Erkenntnis kam ein „Moment!" über seine Lippen und er verschwand in Richtung der Friedhofsgebäude. Ich verabschiedete mich am Telefon und versicherte meiner Chefin, dass sie sich keine Gedanken mehr machen müsse, die Urne werde wohl allem Anschein nach gleich auftauchen. Und ich hatte recht.

In dem Moment, als ich an der Trauerhalle ankam, sah ich einen erleichterten Friedhofsgärtner, der in seinen Händen eine Urne in einem Urnentragnetz hielt. Völlig aufgelöst erklärte er mir: „Ein neuer Kollege hat mir gestern gesagt, dass jemand für morgen so ein ‚Einkaufsnetz' abgegeben und er es ins Regal gepackt hat. Aber er hat nicht gesagt, dass es eine Urne war, in einem Urnentragnetz. Ich habe das komplett vergessen, weil er es auch nicht richtig gesagt hatte!"

Ich versuchte ihn zu beruhigen, was mir nur halbwegs passabel gelang, denn nachdem er zuerst völlig aufgelöst war, folgte jetzt ein kleiner verbaler Wutanfall auf seinen Kollegen. Ich sagte ihm, er solle sich beruhigen, schließlich sei die Urne ja zum Glück aufgetaucht. Nach weiteren Worten des Entschuldigens übergab er mir die Urne und verabschiedete sich dann in seinen Pausenraum auf eine Zigarette und einen Kaffee zur Beruhigung.

Nun kehrte Ruhe ein, ich spürte sie in der Umgebung und dann in mir selbst. Tatsächlich war ich jetzt ein wenig froh, mit der Urne allein zu sein, um sie zu beerdigen. Langsam drängte nämlich auch die Zeit, rechtzeitig zur nächsten Beerdigung zu kommen. Ich stellte die Urne kurz auf der Bank ab, auf der ich noch am Anfang gesessen hatte, richtete meinen Anzug und sah mir das Gefäß einmal genauer an. Es war eine schlicht gehaltene graue Urne, mit einem Namensschild auf dem Deckel. Diese einfache Form der Schmuckurne ist sehr typisch bei Sozialbestattungen. Sie steckte noch immer in dem Netz. Diese Tragnetze sehen aus wie gewöhnliche Einkaufsnetze und werden verwendet, wenn keine Bänder im Inneren der Urne enthalten sind. Urnen dieser Art werden nämlich in solchen Netzen zu Grabe gelassen.

Nun begann ich mit der Beisetzung. Ich verbeugte mich vor der Urne und griff sie mit beiden Händen. Langsamen Schrittes ging ich los und während ich auf dem Weg in Richtung Grabstätte ging, entschuldigte ich mich leise bei der Verstorbenen.

„An seiner Beerdigung sollte keiner allein sein und auf gar keinen Fall im Regal vergessen werden, Frau …", sagte ich und blickte auf das Namensschild, um die Verstorbene mit Namen anzusprechen. In diesem Augenblick musste ich vor Erstaunen stehen bleiben. Dort auf dem Schild standen unter dem Namen der Verstorben auch ihr Geburts- und Todesdatum. Die Verstorbene hatte am gleichen Tag Geburtstag wie ich, Tag, Monat und Jahr waren identisch. Sie war zu ihrem Todeszeitpunkt noch keine 47 Jahre alt gewesen und … ganz allein.

Keine Freunde, keine Verwandten waren gekommen, niemand nahm an ihrer Beerdigung teil. Und ich hoffte für sie, dass sie zu Lebzeiten nicht auch vom Leben ganz allgemein vergessen worden war. Es klingt vielleicht albern, aber durch das gleiche Geburtsdatum und das zuvor geschehene Malheur mit der Urne hatte ich irgendwie einen Bezug zu der Verstorbenen bekommen. Und ich beschloss kurzerhand, obwohl die Zeit etwas drängte, mir jetzt Zeit für sie zu nehmen.

Auf dem Weg zum Grab sprach ich mit ihr: „Das ist wohl ein wenig Schicksal, dass ausgerechnet ich dich heute beerdigen darf. Ich hoffe, du hattest ein gutes Leben." Am Urnengrab angekommen beschrieb ich ihr noch, wie ihr Grab aussah. Dann setzte ich die Urne bei, sprach noch das Vaterunser und verbeugte mich. – Damit war meine Arbeit als Urnenträger getan. Die Privatperson Oliver Fleischer blieb jedoch noch kurz da, wünschte Frau … eine gute letzte Reise und warf dreimal etwas Erde auf die Urne im Grab.

Als ich vom Grab wegging, fühlte ich mich traurig, aber gleichzeitig auch beflügelt. Traurig über den Gedanken, dass die Tote wahrscheinlich sehr allein gewesen sein muss, beflügelt aber von dem Gefühl, genau zur richtigen Zeit am richtigen Ort gewesen zu sein. Es war einfach Schicksal.

Solche Erlebnisse machen etwas mit einem, man wird tatsächlich demütiger gegenüber dem eigenen Leben. Und dankbar für die Familie und Freunde, die einen auf dem Lebensweg begleiten, auch wenn es eines Tages der letzte Weg sein wird.

Natürlich kann es vorkommen, gerade bei einer hochbetagt verstorbenen Person, dass sie alle anderen Menschen aus ihrem Umfeld überlebt und keine Hinterbliebenen mehr am Grab zugegen sind. Aber trotzdem wunderte es mich im Falle der verstorbenen Frau, dass niemand – kein Nachbar oder jemand von einem Pflegedienst oder aus einer Einrichtung, in der sie vielleicht untergebracht war – die Zeit hatte, um an der Beerdigung teilzunehmen. Vielleicht war es auch eine bewusste Entscheidung von ihr, dass niemand zum Grab kommen sollte. Einige Menschen treffen diese mitunter, um den Angehörigen das Abschiednehmen nicht allzu schwer zu machen. Diesen Grund finde ich aber falsch.

Meiner Meinung nach ist eine Bestattung wichtig dafür, um mit seiner Trauer umzugehen. Eine Bestattung ist ein Abschiednehmen. Falls dieser Anlass aber bewusst nicht wahrgenommen wird, empfinde ich es einfach nur als traurig, wenn niemand Abschied nehmen möchte. Menschen werden schon bei der Geburt von einer Hebamme und Ärzten ins Leben begleitet, sie schließen Freundschaften, feiern Feste, tragen und unterstützen einander in Krisen und Krankheiten. Warum tun sie sich dann am Ende eines Lebens so schwer damit, diesen anderen Menschen auf seinem letzten Weg zu begleiten?

Ich weiß nicht, ob das früher auch vorkam oder ob es etwas mit der Vereinsamung von Menschen zu tun hat. Gerade in Städten. Vielleicht finden wir auch nicht mehr die Zeit füreinander, für ein kurzes Gespräch mit den Nachbarn und ein freundliches Wort zwischen Tür und Angel. Für mich hat das auch nichts mit postcoronalen Ausreden zu tun, man sei durch die Einschränkungen während der Pandemie sozial vereinsamt. Oder ähnliche Ausreden. Für mich ist es ein gesellschaftliches Phänomen, dass wir uns für das persönliche Gespräch und Miteinander keine Zeit mehr nehmen.

Vermutlich würden mehr Menschen an Beerdigungen teilnehmen, wenn man diese live im Internet streamt – zumindest per Videoschalte. Man stelle sich das nur einmal vor: Im Büro, so zwischen Kaffee und Konferenz, um 10 Uhr eine Stunde lang die Beerdigung der Großtante miterleben … Doch wollen wir das wirklich? Ich für meinen Teil nicht. Ich finde es schöner, wenn niemand mit seiner Trauer allein ist, wenn Geschichten über den verstorbenen Menschen erzählt werden, wenn eine gute Freundin die letzten Worte spricht und man gemeinsam zum Lieblingslied des Verstorbenen singt, ja vielleicht sogar tanzt, und wenn die Menschen im Lauf des Tages ihr Lachen und Weinen bei einem Kaffee, Bier oder Glas Wein vereinen.

Nur, um beim letzten großen Fest, beim letzten Abschied Menschen an seiner Seite zu wissen, dafür muss jeder selbst etwas tun: sich um Freundschaften kümmern, jemanden anrufen, einfach mal vorbeigehen und die Beziehung pflegen. Und bitte nicht denken: Ich mache das, gleich morgen. Das dachte bestimmt schon so mancher, den wir als Urnen- oder Sargträger allein begleitet haben. Daher: Das Buch jetzt weglegen und eine Freundin beziehungsweise einen Freund anrufen!

„Nur wenige Menschen sind wirklich lebendig,
und die, die es sind, sterben nie.
Es zählt nicht, dass sie nicht mehr da sind.
Niemand, den man wirklich liebt, ist jemals tot.“

Ernest Hemingway

Drei Frauen, drei Generationen und ihre Gedanken zum Tod

Der Tod führt uns zu einem bewussteren Leben

„Für mich gehört der Tod zum Leben dazu, denn er macht unsere Lebenszeit erst zu etwas Kostbarem. Ich glaube, dass das echte Bewusstsein, dass der Tod das Leben begrenzt, und die Akzeptanz dieser Tatsache uns erst dazu führen, dass wir ein erfülltes Leben leben und wirklich jeden Moment genießen können. Wir sollten uns dessen viel öfter bewusst sein und für die vielen kleinen und wunderschönen Momente offen und dankbar sein. Das Ende kommt irgendwann für jeden, aber wir entscheiden bis dahin, was wir mit unserer Zeit anfangen, wie wir unser Leben gestalten und mit welchen Menschen wir es verbringen."

Julia, 38 Jahre

21.
Der vertauschte Sarg

Mit den Särgen und Urnen ist das so eine Sache. Als Sargträger tragen wir das zur Grabstätte, was uns der Kapellenwart oder der Bestatter zeigt oder bereits in die Trauerhalle gestellt hat. Wir haben keinen Einblick in irgendwelche Bestellungen oder Papiere. Unsere Arbeit ist, wie der Name schon sagt, das Tragen.

Vor einer Beerdigung kam einmal der Kapellenwart direkt auf uns zu und bat uns Sargträger darum, ihm zu helfen, den Sarg für die nächste Beisetzung unten aus den Katakomben zu holen. Auf diesem Friedhof befinden sich nämlich direkt unter der Kapelle die besagten Räumlichkeiten, wo die Särge immer angeliefert werden. Wir gingen mit ihm hinunter. Jemand vom Bestattungsinstitut sei schon unten vor Ort, um uns zu helfen, sagte er.

Unten angekommen sahen wir zwei Särge, die sich sehr ähnelten, und wir wurden angewiesen, den einen nach oben zu bringen, der sei für die nächste Bestattung vorgesehen, zu der wir gerufen worden waren. Etwas verunsichert durch die offensichtliche Ähnlichkeit der beiden Särge fragten wir den Mitarbeiter des Bestattungsinstituts, ob es sich tatsächlich um genau den besagten Sarg handele. Er bestätigte uns die Richtigkeit.

Wir nahmen also den Sarg mit nach oben, trugen ihn in die Kapelle, stellten ihn auf und schmückten ihn ein wenig mit Blumengestecken. Danach fanden sich langsam die Trauergäste in der Halle ein, Familienangehörige und Freunde, um von dem Verstorbenen Abschied zu nehmen. Die Trauerfeier nahm ihren ganz normalen Lauf.

Nach der Zeremonie wurden wir wieder in die Kapelle gerufen. Wir begleiteten den Sarg auf dem Katafalkwagen zur Grabstätte, trugen ihn zum Grab und ließen ihn anschließend in die Tiefe hinab. Währenddessen sprach der Geistliche ein paar einfühlsame Abschiedsworte und die Trauergäste verabschiedeten sich unter Tränen. Es war eine ganz gewöhnliche, alltägliche Beerdigung. Für uns Routine, ohne besondere Vorkommnisse.

Am nächsten Tag hatten wir wieder einen Dienst auf demselben Friedhof, auf dem wir erst tags zuvor beerdigt hatten, und in derselben Kapelle fand wieder eine Trauerfeier statt. Der Sarg stand schon in der Kapelle aufgebahrt. Es war der andere Sarg, den wir am Vortag unten im Kellergewölbe gesehen hatten. Auch war wieder ein Mitarbeiter von demselben Bestattungsinstitut anwesend, jedoch ein anderer als gestern.

Nach kurzer Zeit trafen die ersten Familienangehörigen des Verstorbenen in der Halle ein. Als sie den Sarg erblickten, spürte ich, wie eine leichte Unruhe unter ihnen aufkam. Sie steckten die Köpfe zusammen und sprachen miteinander. Immer wieder fielen ihre Blicke auf den Sarg vorne am Altar. Nach kurzer Diskussion schien man sich einig zu sein und die Frage kam auf, was das denn für ein Sarg sei.

Der junge Mitarbeiter des Bestattungsinstituts sah mich ganz verwirrt an. „Na der, den Sie ausgesucht haben“, lautete seine einfache wie für ihn logische Antwort, die er der Frau gab, die gefragt hatte.

Es war die Witwe des Verstorbenen und sie schüttelte energisch den Kopf. „Das ist definitiv nicht und auf gar keinen Fall der Sarg, den ich ausgesucht habe. Wo ist der Sarg?“, fuhr sie den Mitarbeiter an – aus gutem Grund.

Dem Mitarbeiter fehlten sichtlich die Worte. Nachdem er sie wiedergefunden hatte, versuchte er der Hinterbliebenen zu versichern, dass es sich nur um ein Versehen handeln könne und er mit seinem Chef telefonieren müsse. Schon entstanden Hektik und ein gewisses Durcheinander, denn die Witwe bestand natürlich darauf, dass ihr verstorbener Mann umgebettet und in genau den Sarg gelegt würde, der auch von ihr für ihn ausgesucht worden war.

Kurz nach dem Telefonat kam der Inhaber des Bestattungsinstituts zur Kapelle, um die Situation zu klären. Ohne einen Blick auf den Sarg zu werfen, ging er schnurstracks auf die Witwe zu und versuchte sie mit sanfter Stimme davon zu überzeugen, dass genau dieser Sarg der ausgesuchte und richtige sei. Sein Blick fiel dann bei seinen letzten Worten auf den Sarg und er erstarrte vor Verwunderung.

„Was ist das für ein Sarg?“, polterte es aus ihm heraus. Er entschuldigte sich kurz bei der Witwe und rief seinen Mitarbeiter und den Kapellenwart zu sich, um abzuklären, wo denn der richtige Sarg abgeblieben sei. Mit den Worten „Wenn das nicht der richtige Sarg ist, muss der richtige sich ja noch in den Katakomben befinden, schließlich habe ich den gestern Morgen hier angeliefert“ gingen wir runter in die Katakomben. Dort machte sich aber schnell Ernüchterung breit, denn es befand sich kein weiterer Sarg in den Kellergewölben.

Etwas abseits stehend wiesen wir Träger darauf hin, dass wir ja gestern bereits einen Sarg beigesetzt und diesen auf Bitten des Kapellenwartes und seines anderen Mitarbeiters aus dem Kellergewölbe geholt hätten. Unsere Schilderung veränderte schlagartig die Gesichtsfarbe des Bestatters, er wurde leichenblass. Völlig unbeabsichtigt hatten wir damit wohl den Fehler aufgedeckt. Jetzt gab es da nur noch ein anderes, weiteres Problem …

Als der Bestatter, geschützt vor den Augen der Angehörigen, den Sarg, der in der Kapelle stand, öffnete, bestätigte sich der Irrtum. Darin lag nämlich nicht der Mann der Witwe, sondern ein ganz anderer Leichnam. Und schnell wurde klar, der verstorbene Ehemann, der eigentlich heute beerdigt werden sollte, war bereits gestern zu Grabe getragen worden. Zwar im richtigen Sarg, aber im falschen Grab und leider auch betrauert und beweint von den falschen Angehörigen und Freunden.

Das ganze Ausmaß einer einfachen Verwechslung wurde erst jetzt so richtig deutlich: Zuerst musste die Familie des Verstorbenen informiert werden, der fälschlicherweise noch im Sarg in der Kapelle lag und sich nicht schon längst, wie angenommen, seit gestern unter der Erde befand. Die Familie und Freunde hatten am falschen Sarg um den falschen Verstorbenen geweint.

Die Friedhofsgärtner hatten nun alle Hände voll zu tun: Der Sarg musste wieder ausgegraben werden. Doch dafür brauchte es erst einmal eine Erlaubnis. Denn da durch die Exhumierung der Leiche die Totenruhe gestört wird, war eine offizielle Genehmigung der Stadt erforderlich, um das Grab wieder zu öffnen.

Und der Bestatter hatte erst recht viel zu tun: Der Sarg musste gereinigt, die Leichname umgebettet und natürlich das ganze Drumherum neu disponiert werden – die Termine für die Beerdigungen, die Trauerfeierlichkeiten, …

Das Ganze war wirklich eine ziemlich peinliche Angelegenheit, aber letztlich auch menschlich, denn solche Fehler passieren nun mal. Doch wer jetzt in welcher Form Schuld hatte, blieb am Ende offen. Hätten die anderen Angehörigen merken können, dass es der falsche Sarg war? War der Kapellenwart verantwortlich für den Fehler? Oder der Mitarbeiter des Bestattungsinstituts? Am Ende waren alle Beteiligten sehr bemüht, den Irrtum so schnell wie möglich aus der Welt zu schaffen. Die Toten wurden in die richtigen Gräber gelegt und am Ende gab es ein Erlebnis, das wohl einzigartig in der Karriere von uns Sargträgern bleiben dürfte: Wir bestatteten denselben Toten zum zweiten Mal.

22.
Beerdigung auf Italienisch

Selten kommt es vor, dass ich mit dem Auto auf den Friedhofsparkplatz fahre und es so voll ist, dass kein einziger Parkplatz mehr frei ist. Ich musste an diesem Tag den Wagen ganz am anderen Ende quer vor einer Hecke parken. Schon auf dem Weg Richtung Friedhof fiel mir das Stimmengewirr auf, das in der Luft lag und immer lauter wurde, je näher ich dem Eingang kam. Ich versuchte herauszufinden, worüber sich die Menschen unterhielten, verstand aber kein einziges Wort. Ich war noch zu weit entfernt, um einzelne Wortfetzen aufschnappen zu können.

Vom Friedhofseingang sah ich dann, wie auch die anderen Sargträger hastig über den Parkplatz gelaufen kamen. Sie hatten wohl nicht mehr so viel Parkglück gehabt wie ich. Ich blieb stehen, um auf sie zu warten, und lauschte den Stimmen. Da fiel es mir wie Schuppen von den Augen: Gesprochen wurde hier kein Deutsch, sondern Italienisch!

Gemeinsam gingen wir Richtung Trauerhalle. Immer mehr Menschen standen überall an den Seiten des Hauptweges und unterhielten sich angeregt und wild gestikulierend, mittendrin wurde laut gelacht. Ich sah einen meiner Kollegen fragend an und er beantwortete dies mit einem Schulterzucken.

An der Trauerhalle fanden wir ein riesiges Blumenmeer vor. Die schönsten und prunkvollsten Kränze, die wir seit Langem gesehen hatten, einer neben dem anderen aufgebaut, Gestecke und Sträuße, so weit das Auge reichte. Hier hatte man keine Kosten und Mühen gescheut, aber auch die Anzahl war einfach beträchtlich, sie entsprach fast den Menschen hinter uns.

Das Einzige, was noch fehlte, war der Sarg, den ich nirgends entdecken konnte. Ich sah, dass ein Mitarbeiter des Bestattungsinstituts an der Seite der Stufen zum Aufgang der Trauerhalle stand. Er winkte mich zu sich. Dann erklärte er mir, dass noch kein Sarg da sei, da momentan noch die Trauerfeier stattfinden würde, allerdings nicht hier auf dem Friedhof, sondern in einer Kirche in der Nähe. Das bedeutete, der Sarg musste anschließend noch in das Auto des Bestattungsunternehmens geladen und hier zum Friedhof gefahren werden. Darum bräuchten wir uns aber nicht zu kümmern, dies erledige sein Chef vor Ort selbst.

Ich fragte mich kurz, warum dann schon so viele Menschen vor Ort waren, obwohl die Trauerfeier ja woanders stattfand und ob sie vielleicht falsche Informationen zum Treffpunkt erhalten hatten. Doch der Mitarbeiter unterbrach meine Gedankengänge und fragte, ob wir denn genug Zeit mitgebracht hätten. Schließlich könne sich das Ganze, so wie es aussähe, noch erheblich in die Länge ziehen, meinte er. Zum Glück war von unserer Seite keine weitere Beerdigung mehr geplant.

Nach einer ganzen Weile, wir hatten schon einige Zeit herumgestanden, schaute ich mir die Trauergäste einmal genauer an. Einige von ihnen sahen aus, als ob sie aus einem Mafiafilm herausgefallen wären: nach hinten gegelte Haare und dunkle Pilotenbrille. Es war interessant zu sehen, wie die Menschen miteinander sprachen, ja sogar immer wieder herzlich lachten, als wären sie nicht auf einer Beerdigung, sondern auf ein nettes Schwätzchen mit ihrer Familie eingeladen. Es wirkte alles recht unbefangen und heiter.

Endlich fuhr der Bestattungswagen auf den Friedhof und die Menschenmasse teilte sich, um das Auto durchzulassen. Wie Mose, als er das Meer teilte ... Ich schmunzelte.

Dann kam ganz hektisch der Bestatter angelaufen und wedelte wild mit seinen Armen vor meinem Gesicht herum. Er freute sich sehr, dass wir da waren. Es könne auch gleich schon losgehen, stellte er uns in Aussicht. Dann nahm er mich kurz beiseite und sagte, dass der Sohn des Verstorbenen gerne den Sarg mittragen würde, und er hätte ihm dies schon zusagt.

„Das ist doch kein Problem, oder?", fragte er mich.

Ich zog die Augenbrauen hoch. Eigentlich ist das ein Riesenproblem, denn so kurzfristig und nicht angemeldet ist das normalerweise nicht möglich. Schließlich kann ja auch mal etwas dabei schiefgehen, er könnte ins Grab fallen mit dem Sarg und den ein oder anderen Kollegen gleich mit hineinziehen. Zum anderen darf man die emotionale Belastung für einen Angehörigen beim Sargtragen nicht vergessen. Er verstand meine Zweifel und meinen Einwand, aber wir waren uns beide einig, dem Wunsch des Sohnes nachzukommen, und drückten beide ein Auge zu. Ich hätte es auch irgendwie schlimm gefunden, ihm die Bitte abschlagen zu müssen, seinen Vater auf dessen letztem Gang zu begleiten.

Ich schlug vor, ihn einfach in der Mitte einzuplanen, da sei es am einfachsten für ihn, und erklärte mich bereit, direkt neben ihm zu tragen und das Ganze im Auge zu behalten, damit nichts schiefginge. Der Sohn war allerdings zu diesem Zeitpunkt noch gar nicht vor Ort, und so hatten wir Gelegenheit, die Blumen noch ein wenig umzudrapieren und alles vorzubereiten.

Plötzlich wurde das Stimmengewirr lauter, und als ich über den Friedhof blickte, sah ich, wie sich immer wieder kleine Menschentrauben um eine Person versammelten und diese mit Küsschen links und rechts begrüßten. Das musste der Sohn des Verstorbenen sein. Als er näherkam, konnte ich die Trauer in seinem Gesicht erkennen, aber auch die Freude, dass sich so viele seiner Freunde und Familienmitglieder hier heute eingefunden hatten. Er kam direkt auf uns zu. Ein kleinerer, etwas untersetzter Mann, dem man sehr schnell anmerkte, dass er es auch ein wenig genoss, im Mittelpunkt zu stehen.

Ich versuchte, ihm noch eine kurze Unterweisung zu geben und ihm zu erklären, dass er in der Mitte tragen sollte, doch er schenkte mir nur sehr wenig Aufmerksamkeit. Er hörte mir gar nicht richtig zu, da er immer wieder neue Menschen, die sich den Weg zu ihm gebahnt hatten, begrüßen musste. Ich zuckte mit den Schultern, bevor ich ihm ein weißes Paar Handschuhe reichte, und hoffte, dass alles reibungslos ablaufen würde.

Wir bahrten den Sarg auf, anschließend wurden noch ein paar Worte auf Italienisch von dem Geistlichen gesprochen und dann ging es los. Wir trugen den Sarg durch die Menschenmenge. Der Friedhof hatte sich nach der Trauerfeier noch weiter gefüllt, denn es waren noch die Trauergäste aus der Kirche dazugekommen. Durch diese Menge kamen wir nur sehr langsam voran. An unseren Seiten standen die Menschen und berührten den Sarg immer wieder mit ihren Händen. Dabei küssten sie erst ihre eigene Hand und legten diese dann auf dem Sargdeckel ab. Immer und immer wieder. Man hörte lautes Weinen und Schluchzen, das noch von großen Gesten begleitet wurde und schon fast theatralische Ausmaße annahm. Zwischendurch wurde aber die Trauer plötzlich wieder durch pure Freude unterbrochen und es wurden neue Freunde und Familienmitglieder überschwänglich mit Küsschen und Handschlag begrüßt. Es war ein undurchschaubares Auf und Ab der Emotionen, das wirklich sehr skurril mitanzusehen war. Dabei musste ich an den ein oder anderen, vielleicht auch nicht ganz so guten Film denken.

Am Grab erwartete uns das Blumenmeer, das wir ja schon vor der Trauerhalle bestaunen konnten. Ein riesiges Gelage an Gestecken und Kränzen wie auf dem Großmarkt.

Wir trugen den Sarg über die Balken auf die Grabstätte. Der Sohn des Verstorbenen stand zwischen uns in der Mitte, die weißen Handschuhe hatte er schon angezogen. Der Geistliche sprach noch ein paar letzte Worte. Wir schauten alle mit ernsten Mienen ins noch leere Grab hinunter, dann wieder auf den Sarg. Als der Geistliche seine Rede beendet hatte, ging ein Aufheulen und Schluchzen durch die Menge, ich zuckte erschrocken zusammen. Eine ältere Frau bahnte sich den Weg durch die Menge, blieb am Sarg stehen und küsste diesen ausgiebig. Der Sohn, der immer noch zwischen uns stand, wechselte ein paar Worte mit ihr auf Italienisch, und es wirkte so, als würde er sie wegschicken. Sie lachte ihn aber freundlich an und verschwand wieder zwischen den Trauergästen. In der Menschenmasse wechselten sich unterdessen die Emotionen wieder ab.

Wir hoben den Sarg hoch, und auf einmal ertönte das Lied „Ich hatt‘ einen Kameraden, einen bessern findst du nit“ in einer noch nie gehörten, schief-schrägen A-cappella-Version, bei der sich mir alle Nackenhaare aufstellten.

Was für einen schlechten Sänger haben die denn da engagiert? Das ist aber schön schief, dachte ich und hätte innerlich loslachen können. Dann aber guckte ich neben mich und sah den Sohn voller Inbrunst und Leidenschaft diesen letzten musikalischen Abschiedsgruß für seinen Vater singen. Er war zwar schief und irgendwie war das Ganze auch sehr skurril, doch dem Sohn liefen dabei die Tränen über die Wangen und dieser Moment wirkte so echt, so pur und so authentisch, dass es einfach herzzerreißend war und man dem Sohn jeden schiefen Ton verzieh. Für mich klang es nun wunderschön, ehrlich und so voller Liebe.

Wir Sargträger ließen den Sarg hinunter ins Grab, verbeugten uns und gingen von der Grabstätte weg, um die Familie und die Freunde in Ruhe trauern zu lassen. Als wir aber durch die Reihen schritten, wurden wir von den Menschen in der Menge mit Küsschen links und rechts und überschwänglichem Dank verabschiedet. Uns wurde auf die Schulter geklopft und wir wurden für unseren verrichteten Dienst immer wieder gewürdigt. So etwas erlebt man auch nicht alle Tage. Irgendwie fühlte sich das Ganze an wie eine große italienische Oper, an der wir teilnehmen durften. Eine Oper der Liebe.

23. Oh Gott, es brennt

Sonst beginnen meine Erlebnisse ja oft damit, dass ich erst einmal zu einem Friedhof hinkomme, dieses Mal aber nicht. Wir Sargträger waren bereits vor Ort und eine Beerdigung lag schon hinter uns. Bei dieser waren wir wie immer komplett in Schwarz gekleidet, mit Sakko und allem Drum und Dran. Es war ein sehr heißer Sommertag, und bei der Hitze lief uns der Schweiß in Strömen übers Gesicht und den Körper. Wir suchten also jede nur erdenkliche Möglichkeit, um für einen kurzen Moment unsere Sakkos auszuziehen und die Ärmel unserer Hemden hochzukrempeln, damit wir wenigstens einen kleinen Lufthauch erhaschen konnten, der vielleicht ein wenig Abkühlung bringen könnte.

Meine Kollegen hatten die Idee, wir könnten ja in kurzärmeligen Hemden beerdigen, aber in der Kombination mit den weißen Handschuhen kam mir direkt das Bild eines Pantomimen in den Kopf und ich fand ihren Vorschlag recht unpassend. Meiner Meinung nach sollte es kein Problem sein, den kurzen Zeitraum mit Sakko, also in unserem vollen Ornat, zu überstehen. Trotzdem hatten wir uns natürlich ein schattiges Plätzchen gesucht, an dem wir es bis zur nächsten Beerdigung aushalten konnten.

Wir sahen, wie der Friedhof sich langsam füllte und immer mehr Menschen eintrafen. Zu meinem Erstaunen wurden auf einmal in der Nähe der Trauerhalle überall Tische aufgebaut. Und ich erinnerte mich, wie zuvor Friedhofsgärtner, die wir gut kennen, vom Bestatter gefragt worden waren, wo man denn noch mehr Tische hinstellen könnte, um dort ein kleines Buffet aufzubauen.

So etwas hatte ich bei einer Beisetzung noch nicht erlebt. Es wurden tatsächlich verschiedene Sorten Gebäck und Getränke angeboten und der Bestatter wurde gebeten, die Trauerhalle zu schmücken. Ich fragte ihn, ob es einen besonderen Anlass gebe, und er erklärte mir, dass es sich um eine serbisch-orthodoxe Bestattung handele und diese auch deutlich länger dauern würde als die Beisetzungen, die wir sonst kannten. Zum Glück hatten wir keine weitere Beerdigung an diesem Tag auf dem Plan und somit genug Zeit.

Wir schauten uns das rege Treiben an. Auch der orthodoxe Priester weckte unsere Aufmerksamkeit. Er trug ein sehr pompöses Gewand, das sich von den Gewändern der mitteleuropäischen Geistlichen deutlich unterschied. Er kam auf uns zu und stellte sich kurz vor, zwar nur in gebrochenem Deutsch, aber auf mich machte er einen sehr sympathischen und freundlichen Eindruck.

Immer mehr Menschen trafen ein, und obwohl die Beisetzung pünktlich begonnen hatte, befanden sich noch sehr viele Menschen draußen vor der Trauerhalle. Dann gingen wieder einige hinein, andere kamen dafür hinaus. Es war ein ständiger Wechsel. Von draußen hörten wir, wie in der Trauerhalle durchgängig serbisch-orthodoxe Gebete gesprochen wurden, die sich für uns wie eine einzige Dauerschleife anhörten. Ein monotoner Singsang, der nur kurz von einem „Amen", das alle gemeinsam sprachen, unterbrochen wurde. Wir schauten uns irritiert an.

Plötzlich zogen kleine Rauchschwaden aus der Trauerhalle heraus und mein erster Gedanke war: *Oh Gott, es brennt.* Der Geruch ließ aber letztlich drauf schließen, dass es sich nur um Weihrauch handelte, der in immer größer werdenden Schwaden aus der Halle ins Freie zog. Wir waren neugierig, was in der Trauerhalle vor sich ging, und schlichen uns heran, um einen Blick auf das außergewöhnliche „Schauspiel" werfen zu können.

Der Priester stand vorne, er war ins rhythmische Gebet versunken und schleuderte das Gefäß mit dem Weihrauch immer und immer wieder in die Höhe. Und obwohl wir draußen an der Tür standen, blieb uns dort schon die Luft weg. In der Trauerhalle selbst konnte man aufgrund der Weihrauchschwaden kaum noch etwas sehen, sie waren dicht wie Nebel.

Bei der ganzen Beweihräucherung musste ich unverzüglich an meine Zeit als Messdiener denken und daran, dass damals in der Kirche selbst schon bei kleineren Mengen manche Leute bewusstlos umgekippt sind. Zum Glück waren hier noch alle auf den Beinen, na ja, zumindest diejenigen, die ich durch den ganzen Dunst hindurch mit zusammengekniffenen Augen ausmachen konnte. Und ich sah auch, wie der Behälter mit dem Weihrauch immer wieder befüllt und geschwenkt und wieder befüllt und wieder geschwenkt wurde. So ging das eine ganze Zeit lang.

Auch das rege Treiben, der stetige Wechsel der Menschen, die durch die Tür hinein- und hinausgingen, nahm kein Ende. Es wirkte fast ein wenig unruhig. Der Einzige, der in der Kontinuität des Gebets und des Schwingens seines Weihrauchfasses völlig versunken zu sein schien, war der serbisch-orthodoxe Priester. Die Trauergäste gingen auch immer wieder zu den Tischen hin, auf denen das Buffet aufgebaut war, nahmen sich etwas zu essen und zu trinken. Uns wurde auch etwas angeboten, doch wir lehnten dankend ab.

Nach etwa einer Stunde, als das letzte große Amen des Gebets gesprochen worden war, gab der Bestatter uns ein Zeichen, dass wir nun den Sarg aus der Trauerhalle hinaustragen konnten. Wir kämpften uns durch die Weihrauchschwaden, in der Hoffnung, diesen auch schnell zu finden.

Als wir mit dem Sarg nach draußen traten, wurden wir gebeten, noch kurz zu warten, um gemeinsam mit dem Priester und den Trauergästen zum Grab zu gehen. Kein Problem, dachte ich, schließlich war das auch bei den anderen Beerdigungen der normale Ablauf. Der einzige Unterschied war nur, dass der serbisch-orthodoxe Priester nun auf dem ganzen Weg bis hin zum Grab weiter das Gefäß mit dem Weihrauch schwang. Es wurde alles beweihräuchert: der Weg, der Sarg, die Trauergäste und sogar wir. Ich fragte mich, wie viel wohl ein außenstehender Friedhofsbesucher aus der Ferne überhaupt von dieser Beerdigung mitbekommen würde, denn wir rollten wie eine riesige Dampflok in einer weißen Wolke den Weg entlang.

Am Grab angekommen machten die Trauergäste uns Platz, damit wir den Sarg auf den Balken abstellen konnten. Auch hier wurden wir gebeten, noch einen kurzen Augenblick zu warten. Ich konnte mir fast schon denken, was beziehungsweise wer jetzt kam. Der Priester begann mit seiner Zeremonie am Grab und es gab noch mehr Weihrauch. Doch nicht nur das. Zu unserem Erstaunen zog er noch eine Flasche mit Öl hervor. Die Flasche wurde ebenfalls wild geschwenkt und der Sarg samt Umgebung mit Öl beträufelt und geweiht.

Dass das aber noch nicht alles sein konnte, war mir schnell klar und ich wartete gespannt, was als Nächstes passierte. Dann öffnete der Priester eine Flasche Wein, trank einen Schluck daraus und auch der Wein wurde über den Sarg und die Umgebung verteilt. Meist wird er in Kreuzform über den Sarg verschüttet, um an das letzte Abendmahl zu erinnern.

Während des ganzen Prozedere betete der Priester ununterbrochen, wie vorher schon in der Trauerhalle, in einem immer wiederkehrenden, monotonen Rhythmus. Die Trauergäste mussten schon gut aufpassen, um den richtigen Zeitpunkt zu erwischen, damit sie mit dem „Amen“ einstimmen beziehungsweise die kurze Atempause des Priesters damit betonen konnten.

Wir standen also weiterhin an der Grabstätte, eingehüllt von Weihrauch, Öl und Wein, und das Gebet des Priesters nahm kein Ende. Wir warteten und es gab noch mehr Weihrauch, noch mehr Öl, noch mehr Wein, immer im Wechsel. Wir warteten darauf, dass es irgendein Zeichen gab, um den Sarg endlich ablassen zu können, aber es kam einfach keins. Es geschah einfach nichts. Ich schaute ratlos in die Runde meiner Kollegen und bekam genau die gleichen ratlosen Blicke zurück. Was sollten wir jetzt tun? Ich spürte, dass meine Konzentration auch so langsam nachließ und mich der viele Weihrauch ganz schön benebelt gemacht hatte.

Ich sah meinen Chef, der mir genau gegenüberstand, fragend an. Er wartete noch kurz, zuckte dann mit den Schultern und meinte: „Jetzt!“ Wir nahmen alle die Seile in die Hand und dabei begegnete mir der panische Blick des Priesters. Statt ein Zeichen zu geben oder uns zu stoppen, wurde sein Reden einfach immer schneller, schneller und schneller. In einem Affenzahn ratterte er nun sein Gebet herunter, sodass man kaum noch etwas verstehen konnte. Zudem drehte sich der Arm mit dem Gefäß, in dem sich der Weihrauch befand, immer flinker; immer flinker wurden seine kreisenden Bewegungen, wie die Rotorblätter eines Hubschraubers. Er wollte unbedingt noch das Gebet zu Ende bringen, doch wir hatten nicht die geringste Ahnung, an welcher Stelle er war, weil wir kein einziges Wort verstanden.

Zwischendurch warf die Trauergesellschaft immer wieder mal ein „Amen“ in die hastig ausgestoßenen Worte des Priesters. Ihren Blicken nach zu urteilen, waren sich die Leute aber selbst nicht mehr sicher, ob sie überhaupt noch den richtigen Moment im Gebet dafür abgepasst hatten.

Wir ließen den Sarg langsam weiter ab. Doch kaum hatte dieser den Boden der Grabstätte erreicht, sprach auch der Priester wohl sein letztes Wort und atmete hörbar laut aus. Er wirkte sichtlich erschöpft, irgendwie aber auch glücklich und erleichtert, weil er es geschafft hatte, sein Gebet noch zu Ende zu bringen.

Wir ließen die Seile fallen, verbeugten uns und verließen die Grabstätte.

Was mir noch auffiel, war, dass die Leute während der Beerdigung eher in stiller Trauer waren, nicht schluchzend und leidend wie bei der italienischen Beisetzung, sondern jeder war für und bei sich sehr in seinem Glauben verankert. Der Einzige, der mit italienischem Temperament glänzte, war der serbisch-orthodoxe Priester.

24.
Vom Winde verweht

Ich habe bisher zwei unterschiedliche Varianten der Bestattung kennengelernt, bei denen die Asche eines Verstorbenen aus der Urne heraus verstreut wird. Bei der einen Variante wurde aus der Grasnarbe ein Quadrat von 20 Zentimetern Fläche herausgeschnitten. Dann wurde die Asche des verstorbenen Menschen aus der Aschekapsel dort hineingestreut. Anschließend wurde die Grasnarbe wieder darübergelegt. Diese Form der Verstreuung ist mir tatsächlich bislang nur auf einem einzigen Friedhof begegnet. Es ist in meinen Augen auch keine „richtige" Verstreuung, sondern eher eine Mischung aus den beiden Varianten der Verstreuung und der Erdbestattung.

Die andere Variante habe ich an einem typischen Herbsttag erlebt. Als ich den Friedhof betrat, empfing mich die Bestatterin und teilte mir mit, dass nur zwei Angehörige da seien und es keine Trauerfeier gäbe. Wir könnten sofort mit der Verstreuung beginnen. Dann übergab die Bestatterin mir eine Art Puderzuckerstreuer, mit dem die Asche des Verstorbenen verstreut wird. Es war ein silberner Becher mit doppeltem Griff, und wenn man diesen drückte, öffnete sich der Boden etwas, und je fester man drückte, desto mehr öffnete sich der Boden.

Ich machte mich kurz mit dem mir neuen Gerät vertraut, aber ohne drücken zu dürfen, da sich die Asche ja bereits in der Apparatur befand. Nach kurzer Einweisung durch die Bestatterin verabschiedete sie sich und meinte nur: „Die Leute sind ja bei dir in guten Händen, du machst das schon. Ich habe noch einen Anschlusstermin. Leg den Verstreuer einfach in die Trauerhalle, ich hole ihn später ab." Anscheinend war auch alles im Vorfeld mit den Hinterbliebenen abgesprochen, denn sie wunderten sich nicht darüber.

Ich stellte mich den Hinterbliebenen vor und erfuhr, dass es sich um die Mutter der Ehefrau des anwesenden Paares handelte, die jetzt gleich verstreut werden würde. Leider hatte ich nicht den Eindruck, dass beide großen Kummer über den Verlust der Mutter verspürten, sondern dass die Beisetzung für sie eher eine Aufgabe war, die sie zwischen Kaffee und Einkaufen erledigten. Ich kannte zwar ihre Geschichte nicht, aber wenn ich mich entscheide, zu einer Beerdigung zu gehen, dann sollte ich der verstorbenen Person verziehen haben oder besser nicht hingehen. Das ist meine Meinung.

Ich führte sie zur Aschestreuwiese. Der Weg dorthin war ziemlich windig und Blätter fielen vor uns auf den Weg. Die Aschestreuwiese lag zum Glück hinter mehreren großen Büschen, sodass es hier etwas windstiller war als auf dem Rest des Friedhofs.

Auf der Wiese angekommen stellte ich mich mit etwas Abstand zu den beiden Trauergästen auf und fragte sie: „Möchte vielleicht noch jemand von Ihnen etwas sagen oder soll ich mit der Verstreuung beginnen?“ Beide schüttelten den Kopf und der Mann meinte, sie hätten nichts zu sagen, aber wenn ich etwas sagen wolle, könnte ich das tun.

„Ja, okay“, ich runzelte die Stirn, überlegte und wollte gerade etwas sagen, als die Frau plötzlich ihr Handy zückte und anfing zu filmen, ohne zu fragen. Ich war mehr als verblüfft und hielt kurz inne. Das merkten auch die beiden, und sie forderten mich auf, weiterzumachen.

Völlig perplex und irritiert fuhr ich fort. Ich sammelte mich und sagte: „Hiermit übergebe ich die Asche dem Wind und der Erde, Asche zu Asche und Staub zum Staube.“ Nachdem das letzte Wort gesprochen war, drückte ich auf den Griff und langsam rieselte die dunkelgraue Asche der Verstorbenen aus dem Gefäß.

In diesem Moment kam die Frau mit dem Handy näher auf mich zu, um die rieselnde dunkelgraue Asche zu filmen.

Meine Bitte, etwas Abstand zu halten, ignorierte sie völlig. Da drehte ich mich etwas von ihr weg, doch sie kam wieder ein Stück näher, um alles besser filmen zu können. Sie ging sogar fast bis in die Hocke, um die rieselnde Asche besser in die Optik zu bekommen.

Ich drückte den Griff ein wenig fester, der Boden öffnete sich daraufhin etwas weiter, und in dem Moment kam eine Windböe auf. Und irgendwie bahnte der Wind sich einen Weg auf die ansonsten windstille Aschestreuwiese, durch das dichte Gebüsch hindurch und erfasste die letzte herabrieselnde Asche der Verstorbenen. Die Asche flog mit der Windböe weg und flog über die filmende Tochter der Verstorbenen.

„Das tut mir jetzt aber leid", sagte ich, doch innerlich hätte ich loslachen können, denn die Tochter war einmal komplett in Asche „paniert" und machte leise Spuckgeräusche. Sie guckte nicht schlau aus der Wäsche, eher das Gegenteil war der Fall.

Mein Grinsen konnte ich kaum unterdrücken, als ich mich von den beiden verabschiedete. Ich dachte nur, dass das bestimmt ein letzter stürmischer Gruß der Mutter war. Und wieder kam mir der Gedanke: Im Tod sollte man einfach verzeihen.

Noch ein Wort zum Thema Video: Ich mache natürlich auch Handyvideos, doch von vielem mache ich keine Videos mehr. Als ich mal zu Beginn eines Musikkonzerts mein Handy gezückt habe, um das Konzert zu filmen, habe ich später festgestellt, dass ich mir diese Aufnahme nach dem Konzert überhaupt nicht mehr angeschaut habe. Ich glaube, ich habe nur kurz reingeguckt und war von der Aufnahme enttäuscht und habe sie gelöscht. Da kamen kaum die Atmosphäre und der Klang rüber, die ich damals erlebt habe. Aber was habe ich damals, während des Konzerts, verpasst? – Einen wunderschönen, einzigartigen Moment: den Augenblick!

Wenn ich mir vorstelle, die Beerdigung eines geliebten Menschen zu filmen, diesen emotionalen Abschied statt mit den eigenen Augen und dem eigenen Herzen durch den Bildschirm eines Handys wahrzunehmen, dann verstehe ich das für mich nicht mehr. Ich frage mich auch, wann schaut man sich das noch einmal an? Bei Kaffee und Kuchen mit Freunden? An Weihnachten?

Ich kann verstehen, dass man eine Beerdigung aufzeichnet für Leute, die vielleicht aus Krankheitsgründen nicht daran teilnehmen können oder weil sie sich im Ausland aufhalten und nicht dabei sein können. Aber vielleicht fragt man dann den Bestatter, ob er diese Aufnahmen nicht für einen übernehmen kann.

Ich finde, man sollte versuchen, den Augenblick zu hundert Prozent zu nutzen, um wirklich Abschied nehmen zu können, um loslassen zu können und um so seine Trauer zu bewältigen. Auch wenn es am Tag der Beerdigung unglaublich wehtut, ist dieser Tag wichtig, um die Kraft zu sammeln, diesen Verlust zu verarbeiten. Und das geht nicht über das Display eines Handys oder über das mehrmalige Anschauen.

Die Top Ten der Beerdigungslieder

In meiner fast zehnjährigen Tätigkeit als Sargträger habe ich schon vielen Beerdigungen beigewohnt und auch die Musik erlebt, die dabei gespielt wird – und man trifft oft auf die gleiche Musikauswahl. Die Welt der Musik ist so groß, aber trotzdem werden oft die gleichen Lieder gespielt. Und wenn Musiker live vor Ort spielen und dort ihre Kunst zum Besten geben, dann wünschen sich die Angehörigen auch meistens eines der folgenden zehn Lieder, die dann vom Künstler mal besser oder mal schlechter interpretiert werden. Auch wenn der Gedanke jetzt böse ist, aber gelegentlich schleicht er sich ein: *Zum Glück ist er schon tot und muss sich das nicht anhören.* Ich weiß, die Geschmäcker sind unterschiedlich und ich sollte nicht urteilen, aber einige Interpretationen lassen einem das Blut in den Adern gefrieren und Tränen – nicht der Rührung, sondern wegen körperlicher Schmerzen – in die Augen treten.

Es gibt natürlich auch Beerdigungen, die musikalisch ganz anders sind. Bei der Beerdigung eines Herrn, der sehr aktiv im Karneval war, wurden nur Karnevalslieder gespielt, aber als dann tatsächlich „Polonäse Blankenese“ ertönte, traute selbst ich meinen Ohren nicht. Es sei ein Wunsch des Verstorbenen gewesen, berichtete der Bestatter.

Auch die Beerdigung eines großen Fußballfans sorgte für Stimmung, als der Fanklub, in dem er aktiv war, mit

Pauken und Trompeten auf dem Friedhof erschien. Ich persönlich finde so etwas schön, da es die Individualität des Einzelnen widerspiegelt und man den letzten Wunsch des Verstorbenen erfüllt. Nun aber zu den Top Ten der Beerdigungslieder aus der Region des Bergischen Landes:

1. „Time To Say Goodbye" – von Andrea Bocelli und Sarah Brightman, es thematisiert Abschied und den Übergang in eine andere Welt.
2. „Geboren um zu leben" – von Unheilig, ein Dauerbrenner auf Beerdigungen.
3. „Möge die Straße uns zusammenführen" – ein irisches Segenslied, das Trost und Segen für die Reise ausdrückt.
4. „Ave Maria" – ein bekanntes katholisches Gebet, das als Lied bei Beerdigungen gesungen wird und Hoffnung und Frieden transportiert.
5. „My Way" – ein Welthit von Frank Sinatra, der von Individualität und dem Leben nach den eigenen Vorstellungen handelt.
6. „Der Weg" – ein Lied von Herbert Grönemeyer, das Trost und Hoffnung in schwierigen Zeiten vermittelt.
7. „Hallelujah" – von Leonard Cohen, ein Lied, das eine melancholische und tröstliche Stimmung hat.
8. „Tears in Heaven" – ein Lied von Eric Clapton, das Trauer und den Wunsch nach Trost ausdrückt.
9. „Über den Wolken" – von Reinhard Mey, es symbolisiert Hoffnung und Freiheit.
10. „Over the Rainbow" – ein Lied aus dem Film „Der Zauberer von Oz", das Hoffnung und eine bessere Zukunft symbolisiert.

Ich finde es wichtig, die Wünsche der Verstorbenen oder der Angehörigen zu berücksichtigen und gegebenenfalls individuelle Lieder auszuwählen, die eine besondere Bedeutung haben. In letzter Zeit gibt es ein Lied, das mir immer wieder bei Beerdigungen begegnet, zum ersten Mal bei der Beerdigung einer 76-jährigen Verstorbenen – es ist das Lied „Komet" von Apache 207 und Udo Lindenberg. Ich bin gespannt, ob es in die Top Ten der Beerdigungslieder kommt.

25.
Gut vorbereitet?

Genau heute an diesem Tag, während ich dieses Kapitel schreibe, beginnt ein großartiger Schauspielkollege und Freund von mir mit dem Sterbefasten. Ich weiß schon jetzt, dass er an dem Tag, an dem mein Buch erscheint, nicht mehr da sein wird. Er wird dann tot sein. Nach einem langen Krebsleiden hat er sich zu diesem Schritt entschlossen, um seinem Leben ein Ende zu setzen. Als ich davon erfuhr, dass er diese Entscheidung getroffen hatte, musste ich mit Julia zusammen darüber weinen, dass es für ihn keinen anderen Ausweg mehr gibt und er in etwa vierzehn Tagen tot sein wird.

Ich kann seinen Schritt aufgrund seiner Geschichte – unheilbar krank, mit Krebs im Endstadium – nachvollziehen, und ich weiß, dass er diese Entscheidung keineswegs leichtfertig getroffen hat. Es ist ja auch ethisch nicht unumstritten, wenn sich jemand bei vollem Bewusstsein dazu entschließt, von seinem Recht auf Selbstbestimmung Gebrauch zu machen und seinem Leben durch das Sterbefasten ein Ende zu setzen. Mal abgesehen von den Positionen der Religionen und Kirchen dazu, die teils jeden Suizid als schwere Sünde erachten, sowie den rechtlichen Fragen, die per Patientenverfügung geregelt sein müssen, und der emotionalen Belastung für die Angehörigen in solch einem Sterbeprozess.

Mein Freund sagte mir, dass er keine Angst mehr vor dem Tod habe. Es sei alles gut, wie es ist. Das Einzige, wovor er Angst habe, wäre, wie sein Körper auf die Art des selbstgewählten Sterbefastens reagiert. Mit allem anderen hätte er seinen Frieden gemacht und gefunden. Und er habe die Hoffnung, dass wir uns auf der anderen Seite wiedersehen werden. In seiner Stimme war dabei so viel Wärme und in seinem Gesicht so viel Ruhe und Seligkeit zu spüren.

Ich wünsche mir, voller Zuversicht auf ein Wiedersehen auf der anderen Seite, dass seine Seele einen guten Platz findet. Und mich schmerzt es, dass wir nie wieder ein gutes Gespräch werden führen können, nie mehr gemeinsam auf der Bühne stehen werden und ich ihn nie wieder in den Arm nehmen kann. Er schrieb mir noch, dass er gerne mit mir die Welt aus den Angeln gehoben hätte, im positiven Sinne, und dass wir das eines Tages an einem anderen Ort nachholen werden …

Jetzt, wo ich das gerade schreibe, laufen mir Tränen über die Wangen, weil die Gedanken an ihn und sein Lachen mich traurig machen. Er wird ewig leben in meinen Erinnerungen und dort in meinem Herzen weiter seinen Platz haben.

Ich habe mich gefragt: *Wie gut bin ich auf den Tod vorbereitet?* Wenn man sich so etwas überhaupt vorstellen kann. Ich habe keine Angst vor dem Tod, weil ich nicht nur durch meine Arbeit als Sargträger weiß, dass unser Leben endlich ist und der Tod jeden von uns jederzeit ereilen kann. Ich habe vielmehr Angst, durch meinen Tod die Menschen zu verletzen, die ich über alles liebe und deren Liebe ich spüren darf. Dass ihre Seele Trauer trägt. Mir ist zwar bewusst, dass auch Trauer zum Leben gehört und dass sie diese irgendwann sowieso erfahren werden oder vielleicht schon durch den Verlust eines geliebten Menschen erfahren haben. Aber noch bin ich da und kann sie dabei trösten. An Trauer kommen wir nicht vorbei. Auch ich nicht, wenn ich meinen Freund gehen lassen muss. Wie gesagt, ich kann seinen Schritt gut nachvollziehen, aber das liegt auch daran, dass ich weiß, dass er durch diese schreckliche Krankheit an einem anderen Punkt in seinem Leben steht.

Ich glaube auch daran, dass nach dem Tod noch etwas kommt. Dass da etwas auf uns wartet und dass es eine andere Seite gibt, und dieser Glaube daran gibt mir Ruhe und Kraft. Ich freue mich auf das Wiedersehen mit denen, die ich schon durch den Tod verloren habe. Ansonsten habe ich keine großen Pläne für meinen Tod, nur ein paar Vorstellungen:

Es gibt eine Playlist mit Liedern, die bei meiner Beerdigung gespielt werden sollen. Und es soll ein buntes und fröhliches Fest werden, bei dem das Leben gefeiert wird. Wer zu meiner Beerdigung kommt, soll lachen, weinen und tanzen, das Leben feiern, wie ich es liebe, und es in vollen Zügen genießen. Es soll Wein getrunken und ein Schluck Wein bitte auch für mich in mein Urnengrab gegeben werden, das ich mir unter einem Baum vorstelle. Am besten ist das Grab an einem Platz, von wo aus man morgens die Sonne aufgehen sieht. Ich hatte schon an eine Tortenschlacht gedacht, aber die Idee wäre nur geklaut aus einem Film.

Bisher habe ich nur die Playlist und den Wunsch nach einer Urnenbestattung. Ansonsten habe ich noch keine konkreteren Vorstellungen als die, die ich gerade beschrieben habe. Aber es gibt Menschen, die planen schon viel konkreter. Meine Mutter zum Beispiel hat uns ihre Wünsche in Bezug auf ihre Beerdigung mitgeteilt und auch schon eine Liste mit den Gästen geschrieben, die sie gerne dabeihaben möchte. Ich finde es gut und wichtig, so ein Gespräch zu führen, damit man am Ende nicht völlig hilflos dasteht. Nach dem Tod eines geliebten Menschen muss man so viele Entscheidungen bezüglich der Bestattung treffen, dass es eine große Hilfe sein kann, im Vorfeld seine eigenen Wünsche zu äußern. Das macht es für die Angehörigen einfacher und gibt ihnen auch die Zeit, früher mit der Trauerarbeit zu beginnen.

Ein Negativbeispiel ist da mein Vater, von dem ich nichts über seine Beerdigung weiß, und als ich ihn einmal auf dieses Thema ansprach, kam der Klassiker aller Antwortsätze: „Das hat noch Zeit."

„Stimmt, du junger ‚Highlander', du bist ja erst 76 Jahre alt und steckst noch locker in den Kinderschuhen", antwortete ich.

Meinen Spruch nahm er zur Kenntnis und ich durfte wenigstens erfahren, dass er als ehemaliger Feuerwehrmann in seiner Uniform beerdigt werden und auf gar keinen Fall verbrannt werden möchte. – Das hätte ich vorher nicht gewusst, wenn wir nicht versucht hätten, dieses Gespräch zu führen. Übrigens, man stirbt ja nicht gleich, wenn man so ein Gespräch führt oder eine Patientenverfügung abgibt. Leider denken das viele. Solche Informationen helfen aber denen unglaublich, die sich am Ende um alles kümmern müssen. Wünsche lassen sich nun mal nur erfüllen, wenn man darüber spricht, und nur dem sprechenden Menschen kann geholfen werden.

Man kann es mit der Planung aber auch übertreiben, ein gutes Beispiel sind da Bekannte aus meinem familiären Umfeld. Da wurde die Ehefrau in Begleitung ihres Mannes von einer anderen Dame angesprochen, dass man sich von irgendwoher kenne.

„Ihr Gesicht kommt mir so bekannt vor", hörte sie die Dame sagen. „Aus dem Supermarkt, nein. Aus dem Fitnessstudio, nein. Irgendwoher kenne ich Sie doch. Einen Moment, ich komme gleich drauf."

Nach einiger Zeit und weiterem Grübeln fiel es ihr plötzlich ein und sie fragte: „Kennen wir uns vom Friedhof?"

Darauf antwortete der Ehemann: „Stimmt, meine Frau und ich haben da schon eine Gruft mit Stein und auf dem Grabstein ist unser Foto mit Namen und Geburtsdatum. Also kennen Sie uns wahrscheinlich daher."

Ich glaube, dass der Frau in diesem Moment alles aus dem Gesicht wich und sie ihre Überraschung nicht verbergen konnte.

Als ich die Geschichte hörte, musste ich lachen, aber dann fiel mir ein, dass ich solche Grabsteine schön öfter gesehen habe. Zwar nicht mit Foto, aber Grabsteine, auf denen der Name und das Geburtsdatum stehen. Das ist kein Einzelfall. Wer einen Friedhof besucht, sollte mal darauf achten. Der Onkel meiner Schwägerin hat auf dem Grabstein seiner verstorbenen Frau ebenfalls schon seinen Namen und sein Geburtsdatum verewigt und dazu den Spruch: „Du stehst an meinen Gebeinen, ich wollte es wären die Deinen."

Schon mal darüber nachgedacht und solch ein Gespräch geführt? Keine Angst, tut nicht weh, man stirbt auch nicht gleich danach, und es ist für alle Beteiligten wirklich hilfreich.

Drei Frauen, drei Generationen und ihre Gedanken zum Tod

Wie kommt der Tod?

„In der letzten Zeit sind einige Menschen gestorben, die mir sehr wichtig waren. Da denkt man schon über die eigene Endlichkeit nach. Werde ich sehr krank? Gehe ich ohne Angst? Wie kommt der Tod? Der Wunsch, in Würde zu sterben, und die Hoffnung, dabei nicht allein zu sein – das sind für alte Menschen sehr wichtige Fragen, doch es ist gut und tröstet, dass niemand eine Antwort darauf hat. Es hilft, jeden Tag anzunehmen mit dem Wissen, wir gehen alle den gleichen Weg."

Margot, 77 Jahre

26. Haus des ewigen Lebens

Die Arbeit als Sargträger hat mich als Mensch bereichert und ermöglicht mir Einblicke in verschiedene Kulturen. Ich darf miterleben, wie unterschiedlich Nationen und Kulturen mit dem Tod umgehen und welche Rituale in den verschiedenen Religionen begangen werden. Von bunten und fröhlichen Feiern mit Gospelklängen bis hin zu fast theatralisch wirkenden Klagegesängen, bei denen der Schmerz des Verlustes herausgeschrien wird. Wäre ich nicht Sargträger geworden, hätte ich das alles wohl nie in meinem Leben kennenlernen dürfen. Und bei allen Menschen, egal aus welchem Kulturkreis sie kommen, spüre ich jedes Mal auch die Dankbarkeit für unsere Arbeit.

Als ich zum Beispiel bei einer jüdischen Bestattung den Sarg tragen durfte, war ich überrascht, wie schlicht der Sarg war. Der jüdische Friedhof wird im jüdischen Volksmund „Haus des ewigen Lebens“ oder „Haus der Ewigkeit“ oder auch nur „guter Ort“ genannt. Das bedeutet, dass die ewige Totenruhe als verbindlich gilt und die Gräber für alle Zeiten Bestand haben. Daher laufen jüdische Gräber auch nicht ab und sie werden auch nicht neu belegt.

Als meine Kollegen und ich auf dem Friedhof ankamen, wurden wir sehr freundlich an der jüdischen Trauerhalle empfangen. Der Friedhofsgärtner, so dachte ich, fragte uns, ob wir schon einmal auf einem jüdischen Friedhof unseren Dienst verrichtet hätten und ob wir den Friedhof kennen würden. Wir verneinten. Daraufhin bat er uns als Erstes, eine Kippa oder eine andere Art der Kopfbedeckung aufzusetzen, da dies Vorschrift auf jüdischen Friedhöfen und in Synagogen sei, und zwar nicht nur in den geschlossenen Räumen, sondern auch im Außenbereich.

Da wir sechs Sargträger aber weder jüdischen Glaubens waren noch eine Kippa dabeihatten, geschweige denn eine andere Kopfbedeckung, durften wir uns aus einem kleinen Fundus von Ersatzkippas bedienen. Tatsächlich ist es so, dass ein Mann eine Kippa am Friedhof ausleihen kann, wenn er keine dabeihat, oder er trägt einen normalen Hut. Selbst eine Baseballmütze ist statthaft, wie wir später in der Trauergesellschaft sehen konnten.

Da wir auch keine Haarnadeln dabeihatten, saßen unsere Kippas recht locker auf unseren Köpfen, und wir hatten entweder eine Hand am Kopf, um die Kippa festzuhalten, oder wir versuchten sie mit Blick nach oben auf dem Kopf zu balancieren. Von außen betrachtet wirkten wir sechs Träger wohl nicht sehr souverän, aber wir gaben uns Mühe, so pietätvoll wie möglich zu erscheinen.

Nun zeigte uns der sehr nette „Friedhofsgärtner“ den Weg zum Grab und erklärte uns dabei, dass wir gleich während des Trauerzugs besonders auf ihn achten sollten. Denn unterwegs würden kleine Pausen eingelegt, um Psalmen und Gebete vorzutragen, und er würde uns jedes Mal ein Zeichen geben, wann wir weitergehen sollten.

Am Grab selbst würden wir den Sarg, so wie wir es kennen, auf das Grab stellen. Mit dem einzigen Unterschied, dass wir vorher das Tuch abnehmen müssten, mit dem der Sarg bedeckt war. Das Tuch würde er dann an sich nehmen und wir würden die Grabstätte mit dem Katafalk gemeinsam verlassen. *So weit, so gut,* dachte ich mir. *Das werden wir hinbekommen.*

Als wir am ausgehobenen Grab standen und ich so über das Gräberfeld blickte, um mir noch einmal den Weg anzusehen, den wir gehen sollten, fiel mir auf, dass alles recht gleich aussah: Die Grabsteine waren sehr schlicht und einheitlich gestaltet und alle in die gleiche Himmelsrichtung ausgerichtet. Ich hielt für mich Ausschau nach einem Punkt, an dem ich mich orientieren konnte. Einen auffälligen Grabstein beispielsweise als Wegpunkt, um zu wissen, da biegen wir links ab und dann noch einmal rechts an der Wasserstelle und dann sind wir am Grab.

Auf einem städtischen, katholischen oder evangelischen Friedhof sieht man die unterschiedlichsten Grabsteine und Grabfelder. Von der Gruft bis zum Rasenfeld, von kleinen bis hin zu großen, wuchtigen Grabsteinen ist alles dabei. Aber das war hier nicht der Fall, alles sah relativ gleich aus. Nur auf den Gräbern und auf den Grabsteinen lagen die typischen kleinen Steine, die darauf hinweisen, dass der tote Mensch nicht vergessen ist, aber das war auch schon alles, was die Gräber voneinander unterschied. Die Sache mit den Steinen ist eine alte Tradition aus der Zeit, als die Israeliten in der Wüste waren. Sie lagen in Pyramidenform über den Gräbern und schützten die Toten vor den Tieren. Mit der Zeit fielen sie in sich zusammen. Damit aber die Totenruhe ungestört blieb, legte jeder Jude Steine nach. So hinterlässt auch heute noch jeder Jude, der ein Grab besucht, dort einen Stein.

Der „Friedhofsgärtner" bemerkte meine verwunderten Blicke und fragte mich, ob ich noch Fragen hätte und ob alles klar sei. Ich schilderte ihm meine Beobachtungen und er verstand meine Verwunderung über die so andere Gestaltung dieses jüdischen Friedhofs im Vergleich zu den anderen Friedhöfen, auf denen wir sonst arbeiteten. Er erklärte mir, dass sie von der Chewra Kadischa darauf achten, dass die Bestattungen traditionell durchgeführt werden, und das bedeutet auch, die Gräber, wenn möglich, alle nach Osten, Richtung Jerusalem, auszurichten.

Seine Antwort warf bei mir noch mehr Fragen auf: „Was ist denn die Chewra Kadischa? Bist du kein Friedhofsgärtner?" Langsam bekamen auch meine Kollegen unser Gespräch mit und kamen neugierig näher, um die Antworten zu hören. Er erklärte uns dann, dass die Chewra Kadischa die heilige Beerdigungsbrüderschaft sei, ein Teil der jüdischen Gemeinde. Sie habe die Aufgabe, sich um den Verstorbenen, das Begräbnis und die Angehörigen zu kümmern. Die Brüderschaft arbeite ehrenamtlich und man übernehme zum Beispiel auch die rituelle Waschung des Verstorbenen in den Räumlichkeiten des Friedhofs.

Von all dem hatten wir noch nichts gehört und so bekamen wir eine kleine Einführung in die Traditionen einer jüdischen Beisetzung. Er erklärte uns, dass es im Judentum nur Erdbestattungen gibt, da die Feuerbestattung nach jüdischem Religionsgesetz untersagt ist. Es gebe ja die jüdische Vorstellung, dass alle Toten am Tag des Jüngsten Gerichts auferstehen werden. Deshalb müsse der Leichnam unversehrt bestattet werden. Zwar gebe es heute im liberaleren Judentum in seltenen Fällen Feuerbestattungen, aber das gelte nicht für diesen Friedhof. Wir sollten uns auch nicht wundern, wenn gleich keine Kränze oder Gestecke in der Trauerhalle oder am Grab liegen würden. Auch der Sarg wäre ein ganz schlichter, rechteckiger Holzsarg, aus weichem Holz, ohne Verzierungen, Schnitzereien oder Beschläge.

Seit fast 2.000 Jahren herrscht im Judentum das Gebot der schlichten Bestattung. Es wird in Deutschland so umgesetzt, dass alle Verstorbenen gleichermaßen in einem weißen Sterbehemd und in dem beschriebenen einfachen Holzsarg beigesetzt werden. So wird zwischen Armen und Reichen kein Unterschied gemacht. Vor Gott sind alle Menschen gleich.

Nachdem wir also einen kleinen Einblick in die Tradition der jüdischen Beerdigung bekommen hatten, gingen wir gemeinsam zurück in Richtung des Trauerhauses. Dort bemerkten wir auch schon die ersten Trauergäste, die schweigend beieinanderstanden und sich gegenseitig nur durch freundliches Nicken begrüßten. Wie sich herausstellte, ist auch das eine Vorschrift aus der Tradition des Judentums. Mit Betreten des Friedhofs soll man unter den Trauergästen auf Begrüßungen per Handschlag oder Umarmungen verzichten, ebenso wohl auch auf private Gespräche. Ein freundliches Kopfnicken ist aber erlaubt.

Kurz darauf begann die Trauerfeier. Ich wartete mit meinen Kollegen, wie bei den meisten anderen Beerdigungen auch, vor der Tür auf unser Zeichen. Währenddessen kämpften wir ein wenig mit unseren Kippas und der Schwerkraft und wir versuchten, die ungewohnte Kopfbedeckung so sicher wie nur möglich zu platzieren. Dann standen wir alle still beieinander und waren gespannt, was jetzt als Nächstes passieren würde.

Ich blickte noch einmal über den Friedhof, und obwohl er mich am Anfang verwirrt hatte, fand ich ihn jetzt sehr schön. Eingebettet in die umgebende Landschaft liegt er versteckt hinter einer Natursteinmauer, die mit ihren schweren Steinen die Trauernden und Toten vor ungebetenen Blicken bewahrt. Ein schmiedeeisernes Tor mit einem großen alten Schloss, aber neuer Technik im Gehäuse, schützt zusätzlich die Toten und ihre Ruhe.

Das Friedhofsgelände selbst wirkt abseits der Gräber und Wege eher naturbelassen. Nicht ungepflegt oder heruntergekommen, es war und ist in seiner Gesamtheit gepflegt. Aber es glich keiner Parkanlage mit englischem Rasen, sondern eher einem wilden Naturgarten, in dem sich die Jahreszeiten widerspiegelten. Die Bäume und Pflanzen dieses verwunschenen Gartens standen für die Vergänglichkeit des Menschen und für den Kreislauf des Lebens. Die naturbelassene Pflanzenwelt umgab die Rasenflächen, auf denen die Grabsteine wie aufgereiht aus der Erde wuchsen. In ihrer Schlichtheit wirkten fast alle gleich, doch aus der Ferne erkannte man Unterschiede. Es gab größere und kleinere, neue und alte, dickere und dünnere, glatte und verwitterte Grabsteine zu sehen. Alle aus dem gleichen Material und von ähnlicher Form, aber doch unterschiedlich. So wie die Toten, deren Initialen in ihre Oberfläche eingemeißelt waren und über denen sie thronten.

„Achtung, es geht los“, mit diesen Worten wurden meine Gedanken unterbrochen und unsere Arbeit begann. Langsam öffneten sich die Türen des Trauerhauses und wir betraten die Räumlichkeiten. Es war ein großer Raum mit Kerzenständern, aber sonst sehr schlicht gehalten. Vor dem Sarg, der mit einem weißen Tuch bedeckt war, verbeugten wir uns und fuhren im Anschluss den Sarg auf dem Katafalkwagen langsam aus dem Trauerhaus.

Es folgten uns der Rabbiner und die Trauergesellschaft. Auf dem Weg zum Grab mussten meine Kollegen und ich immer wieder unsere Kippas richten, die nicht wirklich auf unseren Köpfen halten wollten. Dann bekamen wir das erste Zeichen zum Stehenbleiben und der Rabbiner sprach Gebete und Psalmen. Dann ging es langsam weiter und immer wieder ging unser Griff in Richtung Kippa. Nicht gleichzeitig, sondern eher abwechselnd reihum, es wirkte fast schon einstudiert.

Kurz vor dem Grab hielten wir wieder an, und dann passierte etwas, was ich auch nicht kannte und so noch nicht erlebt hatte. Der nette Herr von der Begräbnisbruderschaft, den wir anfangs ja für den Friedhofsgärtner gehalten hatten, ging zu den nächsten Hinterbliebenen und riss ihnen jeweils auf Brusthöhe ein Stück vom Saum ihrer Kleidung ein und dann riss der jeweilige Trauergast diesen Riss ein Stück weiter ein. Ich schaute interessiert und gebannt zu, konnte aber die Bedeutung des Rituales noch nicht verstehen.

Danach gingen wir die letzten Meter in Richtung Grabstätte weiter. Dort stellten wir den umhüllten Sarg wie üblich auf die Balken. Der Sarg fühlte sich nicht schwer an und wir konnten ihn ohne Probleme anheben. Das Einzige, was anders war, waren die Sarggriffe. Als Sarggriffe dienten nämlich dicke Kordelschlaufen, die am Sarg befestigt waren.

Ich entfernte das Tuch, faltete es und reichte es weiter nach vorne, wo es in Empfang genommen wurde. Dann sahen wir zum ersten Mal den Sarg ohne das Tuch. Es war wirklich ein ganz einfacher und schlichter Holzsarg, ohne Holz- oder Metallbeschläge. Die Optik erinnerte mich eher – und man möge mir bitte den Vergleich verzeihen – an eine einfache Überseekiste. Ich meine das nicht despektierlich, sondern nur aus reiner Beobachtung, um es besser beschreiben zu können.

Nachdem der Rabbiner noch ein paar Worte gesprochen hatte, bekamen wir unser Zeichen, um den Sarg abzulassen, was ohne Probleme geschah. Wir verbeugten uns an der Grabstätte, mussten aber sehr darauf achten, dass unsere Kippas währenddessen nicht mit ins Grab fielen. Wenn wir sonst einen Hut bei Beerdigungen tragen, nehmen wir ihn vorher ab, aber in diesem Fall sollte die Kopfbedeckung ja auf dem Kopf bleiben. Es gelang uns ohne Probleme, auch wenn es vielleicht wieder etwas unbeholfen aussah.

Wir gingen zum Katafalk und sollten dort noch einen Moment stehenbleiben und an der Beisetzung teilnehmen. Nachdem die letzten Worte gesprochen waren, schickte uns der Mann der Begräbnisbruderschaft zum Trauerhaus zurück. Er hatte aber den Katafalk schon so hingestellt, dass wir nicht auf dem gleichen Weg zurückgingen, wie wir gekommen waren, um zum Trauerhaus zu gelangen. Dieses passierte mit voller Absicht, wie er uns im Nachhinein erklärte. Auch bot er uns an, im Trauerhaus noch unsere

Hände zu waschen, wenn wir dies wünschten, da es nach jüdischem Glauben zum Ritual eines jeden Friedhofsbesuches gehöre.

Das Ritual symbolisiert, die Unreinheit durch den Kontakt mit dem Tod zu beseitigen. Für mich ist das ein bisschen so, als wenn wir bei den Beerdigungen die weißen Handschuhe ausziehen und damit symbolisch den Tod ablegen. Der Unterschied ist jedoch, dass die Waschung der Hände nach jedem Friedhofsbesuch stattfindet. Dafür gibt es einen extra vorgeschriebenen Ablauf, und im Trauerhaus befindet sich ein eigener Raum, in dem dieses Ritual vollzogen wird. Dabei wird aus einer Kanne mit zwei Henkeln dreimal Wasser über die Hände gegossen. Man nimmt den Krug in die rechte Hand, gibt ihn in die linke Hand, übergießt die rechte Hand mit Wasser, dann übernimmt die rechte Hand den Krug und gießt Wasser über die linke Hand. Dieser Ablauf geschieht dreimal und die Hände werden danach nicht abgetrocknet.

Der Herr von der Begräbnisgesellschaft wollte sich gerade von uns verabschieden, weil er zurück zum Grab und den Trauergästen musste, um mit der Trauergesellschaft gemeinsam das Grab zu schließen, aber bevor er ging, überkam mich meine Neugier und ich musste ihn noch fragen: „Entschuldigung, aber was war das mit dem Einreißen des Saumes?“

Man merkte, dass er es eilig hatte, aber er nahm sich noch kurz die Zeit, es mir zu erklären: „Es ist ein jüdischer Trauerbrauch, der ‚Kriah‘ genannt wird. Das Einreißen ist ein Symbol für den Riss im Herzen und in der Seele, den man durch den Verlust und den Schmerz erlitten hat. Bei den Eltern des Verstorbenen findet er auf der linken Brustseite, bei den anderen nahen Verwandten auf der rechten Brustseite statt. Ursprünglich wurde dieses Ritual bei der Todesnachricht durchgeführt, aber das hat sich im Laufe der Zeit verändert.“

Mit diesen Worten verabschiedete er sich und dankte uns noch einmal für den geleisteten Dienst. Aus Respekt nahmen wir sein Angebot an, unsere Hände zu waschen, ohne jedoch den Ablauf des Rituals exakt einhalten zu können. Zum Schluss nahmen wir unsere Kippas ab, niemand hatte seine Kippa verloren. Alle sechs landeten wieder in der dafür vorgesehenen Box.

Vor dem Friedhof unterhielten wir uns noch über das Erlebte und waren uns einig, dass es spannend war, so einen Einblick in eine andere Religion zu bekommen. Dieser wäre uns wahrscheinlich ohne die Arbeit als Sargträger verwehrt geblieben.

Zwei Dinge haben mich am meisten beeindruckt: das Kriah-Ritual, das Einreißen des Saumes, das den Verlustschmerz so bildhaft macht. Und – da mögen mir alle Bestatter, Sargbauer und Floristen bitte verzeihen – der Verzicht auf Blumenschmuck und prunkvolle Särge. Das würde manchem Hinterbliebenen die eine oder andere schlaflose Nacht ersparen, wenn es um die Kosten einer Beerdigung geht. Vor allem aber hat mich der schlichte Gedanke dahinter angesprochen: Vor Gott sind wir alle gleich.

27.
Der Mensch ist für den Tod geboren – und auch für das Leben

Eine der farbenprächtigsten und buntesten Beerdigungen, auf der ich als Sargträger je tätig war, war eine Beerdigung der afrikanischen katholischen Kirche. Schon als ich auf den Friedhof kam, herrschte eine fast fröhliche, ausgelassene Stimmung, man merkte gar nicht, dass jetzt gleich eine Beerdigung stattfinden würde.

Von Menschen in bunter traditioneller Kleidung wurden wir sehr herzlich begrüßt. Die Frauen hatten lange Kleider mit farbenfrohen Stoffen an, auf ihren Köpfen trugen sie eine Art Turban aus dem gleichen Stoff wie das Kleid. Kleine Mädchen hatten bunte Schmetterlinge als Klammern in ihren Haaren und spielten Fangen vor der Trauerhalle. Die Männer waren klassisch in Anzügen gekleidet, einige von ihnen hatten unifarbene und traditionell dunkle Anzüge an. Mit meinen Kollegen und mir wurden sogleich die letzten Details besprochen. Wir wurden unter anderem gefragt, ob wir etwas dagegen hätten, wenn die Beerdigung gefilmt würde und somit auch wir. Wir sprachen uns kurz ab und hatten kein Problem damit, kurz mit ins Bild zu kommen. Die Aufnahme sollte für Angehörige in Ghana sein.

In der Trauerhalle wurden Trommeln und andere Musikgeräte aufgebaut. Alles wirkte wie die Vorbereitung für ein ausgelassenes Sommerfest, nicht aber für eine Beerdigung. Wir hörten, wie die ersten rhythmischen Trommelklänge und ein Keyboard einsetzten. Ein Chor fing an, wunderschön zu singen, und die Totenfeier begann.

Wir warteten draußen, zumal die Trauerhalle bis auf den letzten Platz gefüllt war. Viele wollten Abschied von ihrem Gemeinde- beziehungsweise Familienmitglied nehmen. Die Musik aus der Trauerhalle war mitreißend und ließ uns mitwippen, sie steckte einen förmlich an, sich zu bewegen. Zwei ältere Kollegen, die sonst eigentlich nicht so gut zu Fuß sind, bewegten sich, als ob der Geist von Fred Astaire in sie gefahren wäre. Bei einem Lied wagte ich es, einen Blick in die Trauerhalle zu werfen. Die Trauergemeinde stand fast komplett und es wurde beinahe in Extase gesungen und getanzt, allen Emotionen wurde freier Lauf gelassen. Einige Trauergäste hatten beim Singen Tränen in den Augen und wurden von anderen Gästen im Arm gehalten und mit einem Lächeln getröstet. Man spürte förmlich die Liebe, die den Raum erfüllte.

„Das Ende des Lebens wird gefeiert, wie das Leben selbst. Aber eigentlich gibt es gar kein Ende und die Toten sind gar nicht tot. Alle Verstorbenen sind da, sie sind der Wind in den Bäumen, das Wasser im Fluss. Der Mensch mag als Körper nicht mehr da sein, aber er oder sie lebt weiter!“, hörte ich, wie vor der Trauerhalle ein Mann einem anderen Trauergast, der etwas abseitsstand, das Ganze zu erklären versuchte. Allem Anschein nach war dieser kein Mitglied der Gemeinde. „Wir feiern bei Beerdigungen eher fröhlich, vielleicht nicht beim Tod selbst, dann wird auch getrauert. Wenn wir dann aber zusammen sind, feiern wir ausgelassen – mit Musik und viel gutem Essen; wir feiern das Leben des Menschen, den wir verloren haben“, hörte ich weiter seine Erklärung über die ausgelassene Stimmung bei einer Beerdigung. Manch einer hätte da sicher schon an das den Himmel verheißende Bibelwort denken können: „Und Gott wird abwischen alle Tränen von ihren Augen, und der Tod wird nicht mehr sein, noch Leid noch Geschrei noch Schmerz wird mehr sein.“[4]

Nach den letzten Worten bei der Trauerfeier bekamen wir das Zeichen, den Sarg aus der Trauerhalle zu holen. Als wir diese betraten, setzten wieder Musik und Chorgesang ein; wir wurden förmlich wie auf einer Wolke davongetragen. Im Rhythmus der

Musik tänzelten nun meine Kollegen und ich in Richtung Sarg – man konnte sich irgendwie auch gar nicht mehr anders verhalten, die Stimmung in der Trauerhalle ließ einfach nichts anderes zu.

Der Sarg selbst war mit vielen bunten Tüchern und Blumen geschmückt, die wir unter den Klängen der Musik beiseiteräumten. Dann verbeugten wir uns wie üblich und trugen den Sarg aus der Trauerhalle. Der Sarg fühlte sich leicht an, was aber auch am Chorgesang liegen konnte, der einen wie beschrieben förmlich trug.

Begleitet von dem Trommeln und Gesang der Trauergemeinde folgte uns der Trauerzug in Richtung Grab. Auf dem Weg dorthin wurde das Ganze von mehreren Handys gefilmt, um die Familienangehörigen in Ghana an der Beerdigung teilhaben zu lassen. Der Trauerzug war alles andere als ein stiller Trauermarsch, er war eine Mischung aus Gesang und Gebeten, und so „wuselten" wir Richtung Grab. Mit wuseln meine ich, er hat keine erkennbare Ordnung. Wenn sonst ein Trauerzug stattfindet, ist es meistens so, dass entweder wir oder der Geistliche vorausgehen und dahinter folgt die Trauergesellschaft. Hier war es anders. Irgendwie gab es auch eine Art „Ordnung", sie muss aber von außen eher wie ein Ameisenhaufen gewirkt haben.

Auch der Moment am Grab selbst schien vielen sehr wichtig zu sein, denn nun wurden noch mehr Handys gezückt, um das Ablassen des Sarges zu dokumentieren. Nach dem Zeichen des Geistlichen ließen wir den Sarg, wieder begleitet von Chorgesang, ab. Den Menschen um uns herum liefen zwar Tränen der Trauer die Wangen hinunter, aber sie strahlten auch gleichzeitig über das ganze Gesicht und wirkten glücklich. Es wirkte auf mich fast so, als freute man sich für den Toten, dass seine Reise weiterging.

Nachdem wir uns abschließend verbeugt hatten, machte man uns Platz, damit wir durch die weiterhin singende Trauergemeinde gehen konnten. Die Menschen strahlten uns an und bedankten sich durch Kopfnicken bei uns. Zum Abschied bekamen wir als Dankeschön noch eine Einladung zum anschließenden Trauerempfang mit Getränken und Essen, die wir leider dankend ablehnen mussten, da wir noch weitere Einsätze an diesem Tag hatten.

Die Tradition eines gemeinsamen Essens und Umtrunks nach einer Beerdigung ist in allen Religionen und Kulturen gleich. In Deutschland gibt es regional die verschiedensten Begriffe dafür, man spricht von: Leichenschmaus, Leidessen, Traueressen oder Leidmahl, Leichenmahl, Raue, Trauerbrot, Tränenbrot, Tröster, Leichentrunk, Reuessen, Leich(en)imbiss, aber es gibt auch den Ausdruck „das Fell versaufen".

Der Leichenschmaus soll den Hinterbliebenen signalisieren, dass das Leben weitergeht und der Tod nur eine Station des irdischen Lebens darstellt. Das gemeinsame Essen soll im Andenken an den Toten stattfinden und einen zwanglosen Rahmen bieten, in Ergänzung zur kirchlichen Bestattung, um sich Geschichten rund um den Toten erzählen zu können. Dieses Erzählen dient der Auffrischung der positiven Erinnerungen an den Verstorbenen. Und die dabei oft entstehende Heiterkeit kann helfen, Emotionen abzubauen und mit der Trauerarbeit zu beginnen; der Leichenschmaus kann daher ein wirksames Hilfsmittel sein, Abstand vom traurigen Anlass zu bekommen und wieder eine gewisse Normalität zu erreichen.

So kennen wir zwar auch die Tradition des Leichenschmauses nach einer Beerdigung, aber dieser afrikanische Abschied verlief um einiges stimmungsvoller. Obwohl, ich kann mich als Kind des

Ruhrpotts noch an den ein oder anderen „Tröster“ erinnern, bei dem auch kein Auge trocken blieb. Bei einem Herrengedeck wurden da, nach dem Kaffee und den Brötchen, Geschichten und Anekdoten über den Toten ausgepackt und an ihn gedacht. Und wenn es zu viele Herrengedecke gab, wurde auch gesungen.

28. Prunkvoll oder schlicht, arm oder reich

Es wehte ein starker Wind, und trotzdem strahlte die Sonne hell vom Himmel herab, als sich die Tore der Kirche öffneten. Heute fand die prunkvolle Beerdigung eines alten Priesters statt, und gleich sollten wir seinen Sarg aus der Kirche tragen. Draußen vor der Tür stand ein gläserner Leichenwagen bereit, mit dem der Sarg zum Friedhof gefahren werden sollte. Die Gemeinde hatte sich versammelt, um Abschied zu nehmen von einem Mann, der sein Leben der Kirche gewidmet hatte. Zu der Trauerfeier erschienen auch hohe kirchliche Würdenträger aus dem Erzbistum Köln. Der Erzbischof schickte sogar als Gesandten seinen Generalvikar. Insgesamt wurde die Trauerfeier von vier geistlichen Würdenträgern abgehalten, die damit ihrem Glaubensbruder die letzte Ehre erweisen wollten.

Die Luft war erfüllt von einer Mischung aus Weihrauch und Blumenduft, während die Glocken feierlich läuteten und ein Ave Maria unseren Ein- und Auszug aus der Kirche begleitete. Vorne am Altar thronte, umgeben von einem Meer aus Kränzen und Blumengestecken, ein schwerer prunkvoller Sarg, ein beeindruckendes und majestätisches Zimmermannsstück. Er war aus massivem Eichenholz gefertigt, das für seine Festigkeit und Haltbarkeit bekannt ist, und zudem mit aufwendigen Schnitzereien und Verzierungen versehen, die den Sarg schon fast zu einem Kunstwerk machten. Goldene Beschläge zierten die Ecken und Kanten und verliehen ihm einen besonderen Glanz. Er strahlte eine gewisse Würde und Erhabenheit aus, die dem Anlass angemessen zu sein schien. Insgesamt ein imposantes und prunkvolles Objekt, das verdeutlichte, die letzte Ruhestätte einer bedeutenden Person zu sein.

Ich ahnte, was damit auf uns Träger an Gewicht zukam, und dachte mir, eine Nummer kleiner hätte es sicher auch getan.

Aber die Geschmäcker sind bekanntlich verschieden, und wenn es der letzte Wunsch des Verstorbenen war, dann sollte es wohl so sein.

Je näher wir zum Altar kamen, umso besser konnte ich die Abschiedsgrüße auf den verschiedenen Schleifen der Kränze lesen. Fast alle örtlichen Vereine, verschiedene Kirchenverbände, Sozialeinrichtungen und Privatpersonen hatten einen letzten Blumengruß geschickt. Er muss sehr beliebt gewesen sein, was man auch an der bis auf den letzten Platz gefüllten Kirche sah. Nachdem wir uns eine Schneise durch all die Kränze und Blumengestecke geschlagen hatten, verbeugten wir uns am Sarg. Die Luft war erfüllt von Weihrauch, und die Erinnerungen an meine Zeit als Ministrant kamen hoch. Jedes Mal, wenn ich diesen Geruch in der Nase habe, warte ich förmlich darauf, dass jemand grün anläuft und in Ohnmacht fällt. Das sollte heute aber zum Glück nicht der Fall sein.

Nachdem wir uns verbeugt hatten, griffen wir nach den schweren Beschlägen des Sarges und hoben ihn an. Meine Ahnung wurde nun bestätigt. Der Sarg sah nicht nur massiv aus, er war es auch. Sein Gewicht ließ gleich zwei ältere Kollegen leicht in die Knie gehen, aber sie standen zum Glück noch. Da ich wie immer am Kopf des Sarges trug, hatte ich sowieso mit mehr Gewicht gerechnet, aber für mich fühlte es sich auch an, als ob wir am Kopfende den kompletten Sarg alleine tragen würden. Am liebsten wollte ich meinen Kollegen sagen „Jetzt fasst mal mit an!“, aber ich sah, wie sie selbst mit dem Gewicht des Sarges kämpften. Jetzt hieß es Zähne zusammenbeißen und den Sarg vor den Augen der ganzen Gemeinde sicher aus der Kirche tragen.

Vor uns lief ein Mitglied der Gemeinde den vor uns liegenden Weg entlang. Er wollte uns aus der Kirche führen und dafür sorgen, dass wir gut durch den Gang kamen und niemand im Weg stand. Das Problem aber war, der Einzige, der im Weg stand, war er, denn er ging nicht, sondern flanierte mehr. Er schien seine Aufgabe sehr wichtig zu nehmen und stolzierte sehr langsamen Schrittes durch den Gang. Wir wollten ihn am liebsten überholen, doch das funktionierte nicht, ohne ihn mit dem Sarg zu überrennen. Schon jetzt zog das Gewicht des Sarges immer mehr an den Armen und in den Händen, und die Enge des Kirchenganges machte es nicht besser, den Sarg zu tragen. Der Gang in einer Kirche bietet an sich genug Platz, aber wenn sechs erwachsene Männer einen schrankwandartigen Eichensarg zwischen sich tragen, dann wird selbst der breiteste Gang eng wie ein Nadelöhr.

Meine Kollegen und ich stöhnten leise unter dem Gewicht des Sarges, und in den Gesichtern erkannte ich deutlich ihre Anstrengung. Auch die beiden ältesten Kollegen gaben sich keine Blöße und hielten durch. Nur noch wenige Meter, dann hatten wir das rettende Ziel, das Eingangsportal, erreicht. *Jetzt darf bitte nur keiner umfallen*, schoss es mir durch den Kopf. Das Mitglied der Gemeinde schlich derweil weiter auf den ersehnten Ausgang zu und das einfallende Tageslicht im Eingangsportal erinnerte mich an den Eingang ins Paradies. In unser Paradies, um den Sarg endlich sicher im Leichenwagen abzustellen, ohne dass etwas Schlimmeres passierte. Noch ein paar Schritte, dann sollten wir endlich draußen sein. Doch kurz vor dem Ziel erblickte ich ein Hindernis …

Bitte nicht!, dachte ich mir. Direkt vor uns am Eingang zur letzten Reihe stand ein Rollator, der glücklicherweise direkt, aber in aller Seelenruhe weggeräumt wurde, um uns Platz zu machen. Ich dachte mir: *Wenn das jetzt alles noch länger dauert, brauchen wir keinen Platz mehr.* Aber bevor ich den Gedanken bis zu Ende führen konnte, machte unser Vorläufer mit dem Rollator einen

Schritt in das Ende der hintersten Reihe. „Jetzt oder nie! Das ist unsere Chance“, dachten wir sechs uns in diesem Moment und zogen mit einem leichten Rempler an unserem Vorläufer vorbei. Wir quetschten uns durch die enge Kirchentür, dabei mussten wir allerdings aufpassen, dass sich unsere Anzugjacken nicht an der großen metallenen Türklinke verfingen. Wenn man das nicht bemerkt, wird man gestoppt, so als würde jemand die Notbremse im Zug ziehen, und mit dem Gewicht des Sarges in der Hand käme das jetzt schlecht.

Geschafft, wir waren durch und standen mit dem Sarg vor dem gläsernen Leichenwagen. Nun konnten wir endlich die andere Hand zur Hilfe nehmen. Die Heckklappe des Leichenwagens war bereits geöffnet, und zusammen mit zwei Mitarbeitern des Bestatters schoben wir den schweren Eichensarg in den Leichenwagen. Wir konnten zum Glück für einen kurzen Moment durchatmen und stellten uns an der geöffneten Heckklappe des Wagens auf. Mit den letzten Tönen der Orgel und unter Glockengeläut traten nun die Geistlichen, angeführt vom Generalvikar, aus dem Kirchenportal. Er segnete den Wagen samt Sarg, dann schlossen wir die Heckklappe und verbeugten uns, bevor der Fahrer den Wagen startete.

Der Vorplatz der Kirche füllte sich langsam mit der kompletten Trauergesellschaft, und nach kurzer Zeit des Wartens setzte sich der Leichenwagen in Gang. Die Zufahrtstraßen wurden von der Polizei mit Hilfe des örtlichen Schützenvereins abgesperrt. Eine feierliche Stille legte sich über die Straßen, als der Trauerzug begann. Angeführt von hochrangigen Geistlichen in prachtvollen Gewändern schritten die Ordensträger der Kirche langsam vorwärts. Die Gemeinde folgte ihnen in Ehrfurcht und Demut, während das Gebet der heiligen Maria Mutter Gottes gesprochen wurde.

Wir Sargträger konnten den Trauerzug nicht begleiten, sondern liefen schnellen Schrittes zum Friedhof vor, um dort den Katafalk in Position zu bringen und den Sarg in Empfang zu nehmen. Die Zeit war knapp, aber da wir sechs gut zu Fuß waren, kamen wir rechtzeitig vor dem Trauerzug am Friedhof an.

„Zum Glück können wir mit dem Katafalk fast bis vor das Grab fahren", waren die ersten Worte eines Kollegen. Davor herrschte Ruhe zwischen uns sechs, außer kurze Anweisungen hatten wir nicht viel miteinander gesprochen.

„Holt ihr den Katafalk aus der Friedhofkapelle?"

„Okay, dann bringe ich schon die Streublumen zum Grab und schau, ob alles in Ordnung ist."

„Dann komme ich mit."

Wir wollten schnell die Friedhofskapelle erreichen, um alles vor dem Eintreffen des Trauerzuges erledigt zu haben.

Gleich nachdem wir alles erledigt und den Katafalk auf die richtige Position geschoben hatten, traf der Leichenwagen mit der Trauergemeinde auf dem Friedhof ein. Der Wagen parkte vor der Trauerkapelle und die Heckklappe wurde geöffnet. Durch die kurze „Pause" zu neuer Kraft gekommen, hoben wir den Sarg auf den Katafalk, der unter der Last des Sarges ein wenig quietschte und gefühlt ein wenig in die nicht vorhandenen Knie ging. Zu unserem Glück war genug Druck auf den Reifen und wir konnten ohne Probleme losfahren.

Nach ein paar einleitenden Worten und einem kurzen Gebet des Generalvikars begaben wir uns in Richtung Grabstätte. Auf dem Weg dorthin fiel mir auf, dass der Friedhof gefüllt war mit Menschen jeglichen Alters und von jeglicher sozialer Herkunft. Es waren mehr Menschen auf den Friedhof gekommen als in die Kirche zum Trauergottesdienst, die sich nun von dem Priester verabschieden wollten. Unterschiedliche Vereine standen mit ihren Fahnen und ihre Mitglieder teilweise in Uniform im Spalier, damit wir mit dem Sarg durchgingen. Die Anteilnahme, die man in den Gesichtsausdrücken, aber auch anhand der großen Personenzahl sah, war stark.

Am Grab angekommen wuchteten wir den Sarg auf das Grab, die Balken verrutschten zum Glück nicht und hielten das enorme Gewicht. Dann begann bei Weihrauch und Gebeten die letzte Verabschiedung am Grab. Kurz bevor wir das Zeichen erhielten, den Sarg mit den Seilen anzuheben, richtete ein Priester noch Worte an uns: „Meine Herren, heben Sie den Sarg zu sechst an und ich ziehe mit meinem Kollegen die Balken." Dabei deutete er auf den Priester neben sich. „Unser Bruder war in seinem Leben so ein herzliches Schwergewicht, so wie an seiner Beerdigung in diesem Sarg. Er hätte gewollt, dass wir Ihnen helfen." Leise Zustimmung und ein Lächeln hörte man aus der gesamten Trauergesellschaft. Mit der Hilfe der beiden Priester ließen wir den Sarg in die Erde und verbeugten uns.

Die prachtvolle Beerdigung des alten Priesters war nicht nur ein Abschied, sondern auch ein Ausdruck von Dankbarkeit und Verehrung für ein Leben im Dienst der Kirche und der Gemeinschaft.

Vielleicht hat der eine oder die andere schon einmal auf einem Friedhofsparkplatz einen Mann gesehen, der sich dort gerade umzog. Ich könnte es gewesen sein, denn ich ziehe meistens meinen schwarzen Anzug, das Hemd und die Krawatte aus und schlüpfe in meine privaten Sachen, wenn ich nach einem Tag voller Beerdigungen nach Hause fahre. Oft, weil es bequemer ist, aber es gibt auch Tage, da möchte ich einfach das Erlebte von mir abstreifen und das „Schwarz" ablegen. Dann ziehe ich mich um, damit ich mich besser fühle. Meine Kollegen ziehen sich auch manchmal auf dem Parkplatz um, aber ob sie das aus Bequemlichkeit tun oder ob es wie bei mir manchmal ein symbolischer Akt ist, das weiß ich nicht.

Vielleicht gehört dieses Ritual einfach zu mir und es hat etwas mit meinem Dasein als Schauspieler zu tun. Es gibt für mich Rollen, die möchte ich nach getaner Arbeit buchstäblich abstreifen. Nicht, weil ich die Rolle nicht gerne spiele, sondern weil ich die Figur, die ich spiele, mit ihrem Charakter nicht in meinem Privatleben an mich heranlassen möchte. Das passiert bei mir, indem ich mich abschminke, meine Haare verändere und das Kostüm ablege, ich werde wieder ich selbst. Am nächsten Drehtag, bei der nächsten Theatervorstellung ziehe ich meine Rolle wieder an.

Ich bin kein anderer Mensch, wenn ich den schwarzen Anzug anziehe und als Sargträger arbeite, aber es gibt Situationen, wie auch hier im Buch beschrieben, in denen ich mich nach dem Umziehen besser fühle. Kleidung macht etwas mit uns, sie verändert unsere Haltung und unser Auftreten. In Lederschuhen hat man einen anderen Gang als barfuß oder in Turnschuhen. In einem Anzug bewegst du dich auch anders und hast eine andere Körperhaltung als im Jogginganzug. Und Kleidung kann darüber entscheiden, ob Menschen dich für arm oder reich halten. Aber Kleidung sagt nichts darüber aus, ob du ein guter oder schlechter Mensch bist.

Auf Beerdigungen kann man oft den Unterschied zwischen wohlhabenden und nicht so wohlhabenden Familien sehen, aber man sieht keinen Unterschied in der Trauer und im Schmerz.

„Arm oder reich, der Tod macht alle gleich."

Deutsches Sprichwort

Den Unterschied merkt man allein schon an der Optik, am Aufwand und an der Größe der Beerdigung. Ich habe schon Beerdigungen erlebt, bei denen die Trauergäste mit Shuttlebussen zum Friedhof gebracht wurden. Beerdigungen mit Personenschützern, weil Trauergäste aus Wirtschaft und Politik anwesend waren. Beerdigungen, bei denen ganze Gräberreihen gepachtet wurden, damit die Witwe später in Ruhe das Grab ihres Mannes besuchen kann, weil sie keine Menschen um sich haben möchte. Beerdigungen, bei denen der Sarg so viel kostete wie ein Kleinwagen. Es gibt aber auch sehr wohlhabende Familie, die es einfach halten wollen: eine Standardurne und schlichter Blumenschmuck, mehr nicht, da es der Wunsch des Verstorbenen war.

Bei dem Stichwort „arm oder reich" denkt man oft an das Erbe, das ein Verstorbener den Hinterbliebenen hinterlässt. Das kommt aber nicht nur in wohlhabenden Familien vor, sondern auch bei vermeintlich nicht wohlhabenden Familien. Ich habe da schon offen ausgetragene Streitigkeiten um das letzte Hemd auf dem Friedhof erlebt. Von Zusammenhalt in der Familie ist da nichts mehr zu sehen und zu spüren. Die Menschen kommen mir dann so vor wie kleine einzelne Trauerinseln, die ihre Gefühlsgrenzen dicht machen, um an die fossilen Rohstoffe des Mutterlandes zu kommen. Um über das Schwester- oder Bruderland zu triumphieren, nur um das eigene Wirtschaftswachstum zu stärken.

Auch von einer wohlhabenden Familie in der Nähe von Düsseldorf wurde einmal unser Dienst als Sargträger in Anspruch genommen. Der Sarg war mit Klavierlack beschichtet und sah in dem glänzenden Schwarz wirklich sehr schön aus. Die Angehörigen waren sehr gut und hochwertig gekleidet und der Parkplatz war voll mit Autos der Luxusklasse. Alles in allem hatte man nicht das Gefühl, dass es irgendjemandem dort finanziell schlecht ging.

Als wir die Trauerkapelle betraten, sang eine Sängerin mit klassischer Begleitung das Lied „Time To Say Goodbye". Wir gingen weiter zum Sarg und hörten lautes Schluchzen und immer wieder kleinere und größere Tränenausbrüche einer einzelnen Person. In der ersten Reihe saß eine sehr gut gekleidete Dame um die fünfzig, neben ihr ein junger Mann mit Sonnenbrille. Sie hatte sich bei ihm eingehakt und er stützte die Dame, die allem Anschein nach ein sehr enges Verhältnis zum Toten hatte. Die anderen Personen hielten sich in ihrer Trauer zurück, jeder schien bei sich zu sein, begleitet von seinem Partner oder seiner Partnerin. In den Gesichtern war eine gewisse Ähnlichkeit erkennbar, es schien sich um Geschwister zu handeln.

Wir trugen den Sarg hinaus und begaben uns im Trauerzug zum Grab. Dort angekommen folgte der übliche Ablauf, jedoch hörte man während des Trauerzugs und beim Hinablassen des Sarges immer wieder, wie die Dame laut weinte und nach Luft rang. Sie tat mir leid und man hatte Mitgefühl mit ihr.

Nachdem wir das Grab verlassen hatten, stand ich mit meinen Kollegen noch eine ganze Zeit an der Trauerkapelle zusammen und wir unterhielten uns über Alltäglichkeiten und über das bevorstehende Wochenende. So langsam löste sich die Beerdigung auf, da vereinzelt Trauergäste an uns vorbeikamen. Ich verabschiedete mich mit einem Kollegen von ihnen und wir gingen zwischen den Trauergästen vorbei Richtung Parkplatz. Und dort hörte ich sie reden und zischeln, die Herrschaften aus der ersten Reihe:

„Hast du gesehen, wie die aussieht … furchtbar! Die ist doch nur wegen des Erbes hier."

„Ich weiß gar nicht, was er hier will, der hat doch schon genug bekommen."

„Da kümmern sich unsere Anwälte drum."

Und es gipfelte in der Aussage der äußerlich völlig aufgelösten Dame, die sich noch die letzten Tränen aus ihrem Gesicht wischte und damit quasi einen Schalter umlegte. Mit gefühlskalter Stimme sagte sie: „So, genug geweint, jetzt schauen wir mal, was es zu erben gibt."

In dem Moment fiel mir alles aus dem Gesicht und ich dachte mir … Halt! Nein, das sollte ich hier nicht aufschreiben, aber vermutlich kann sich jeder denken, was ich dachte. Am Ende dachte ich „Du armer reicher Mann", und ich meinte damit den Verstorbenen, denn irgendetwas muss er zu Lebzeiten falsch gemacht haben, wenn das die Gedanken seiner Kinder bei seiner Beerdigung waren.

„Geld hat niemanden reich gemacht."

Seneca, römischer Philosoph

Ob es eine prunkvolle oder eine schlichte, eine arme oder reiche Beerdigung ist, ist am Ende nicht entscheidend, sondern hängt allein vom persönlichen Geschmack der Verstorbenen oder der Angehörigen ab. Entscheidend ist, was ich am Ende zurücklasse, und damit meine ich nicht das Finanzielle. Ich meine vielmehr:

Welches Andenken an mein Leben lasse ich zurück? Das beste Beispiel war der alte Pfarrer in seiner Gemeinde.

Wie viel Liebe haben ich meinen Kindern und meinen Nächsten gegeben, damit sie mir ihre Liebe zurückgeben? Es geht beim Erben um mehr als nur um einen finanziellen Gewinn. Und ich glaube, es ist vielleicht das größte Erbe, wenn man versucht, das Bewusstsein für Menschlichkeit, Nächstenliebe und Verantwortung von Generation zu Generation weiterzugeben.

„Es gibt keinen größeren Schatz
als ein freundliches Herz.
Fröhlich muss man sein, Interesse haben,
dann ist man reich."

Gustav Frenssen (1863–1945),
deutscher Pfarrer und Schriftsteller

29. Hut ab für diese Courage

„Er kommt gleich, er sitzt schon im Taxi. Ich habe gerade mit ihm telefoniert. Entschuldigen Sie, bitte!“ Mit diesen Worten wurden wir Wartenden von einem Bruder des Verstorbenen informiert. Wir warteten schon eine ganze Weile auf dem Friedhof, und eigentlich hätte die Beerdigung längst beginnen sollen.

Bald fuhr das Taxi auf dem Friedhof vor, und da durch Zufall das Tor geöffnet war, ließ man sich bis zur Trauerhalle mitten auf den Friedhof vorfahren. Ein Mann, etwa Mitte dreißig, stieg aus dem Wagen aus. Ihm waren die Spuren der letzten Nacht deutlich anzusehen, diese schien sehr feucht-fröhlich gewesen zu sein, er sah richtig verkatert aus. Mein erster Gedanke war, dass jeder Mensch anders mit Trauer umgeht und das vielleicht sein Weg war, um mit der Situation fertig zu werden. Aber bei allem Verständnis, das ich aufbringen wollte, fand ich sein Auftreten eher unsympathisch.

Er begrüßte die Trauergesellschaft lauthals, als wäre er gerade auf einer Party angekommen, und betrat die Trauerhalle mit den Worten: „Jo, dann kann's ja jetzt mal losgehen!“ Die Leute folgten seiner Aufforderung und betraten gemeinsam die Trauerhalle. Nach den Blicken der Trauergäste zu urteilen, kam der Auftritt des jungen Mannes nicht gut an. Der Einzige, der die Situation zu retten versuchte, war der Onkel, der uns zu Beginn informiert hatte.

Zuerst warteten wir draußen, bis wir unser Zeichen bekamen, dann gingen wir hinein, um den Sarg für die Beisetzung zu holen. Anschließend machten wir uns mit den Trauergästen auf den Weg zum Grab. Während wir langsam voranschritten, hörten wir immer wieder den Sohn des Verstorbenen sehr laut reden, was furchtbar unangenehm war. Der Satz „Ich bin ja heute auch nur hier, um zu schauen, ob der Alte wirklich tot ist …“ war noch einer der harmloseren. Es war wirklich beschämend, das merkte man den Trauergästen an, aber niemand sagte etwas dazu. Er schimpfte immer weiter auf seinen Vater und man hatte das Gefühl, dass die Leute, die ihn begleiteten, sich der ganzen Situation am liebsten entziehen wollten. Schließlich meldete sich der Onkel zu Wort und versuchte, ihn zu beruhigen, aber leider ohne Erfolg – der Mann ließ sich nicht von seinen Beschimpfungen abhalten.

Wir Sargträger sahen uns verständnislos an und schüttelten nur unsere Köpfe. Plötzlich ging ein älterer Kollege einfach weg und wir blieben mit dem Sarg auf dem Katafalkwagen stehen. Ich sah, wie er schnurstracks auf den Sohn des Verstorbenen zuging und direkt vor ihm stehen blieb. Das war kurz nachdem das Wort „Arschloch" lautstark gefallen war. Unser Kollege baute sich vor dem Sohn auf und sagte in ganz ruhigem Ton: „Ich kenne Sie nicht und weiß auch nicht, was Ihr Vater Ihnen in Ihrem Leben angetan hat, aber wenn Sie jetzt hier auf dieser Beerdigung sind, dann sollten Sie verzeihen. Denn im Tod sollte man verzeihen!"

Der Sohn sah unseren Kollegen stumm mit seinen glasigen Augen an, und dann fing er ganz plötzlich an zu weinen. Auf einmal brachen alle Dämme, als wäre ein unsichtbarer Schalter umgelegt worden. Mein Arbeitskollege legte ihm behutsam die Hand auf die Schulter und wünschte ihm ganz viel Kraft. Dann kam er zurück zu uns, reihte sich wieder ein, und ich hätte mich am liebsten tief vor ihm verneigt und meinen Hut gezogen für die Courage, die dieser ältere Träger, ein ehemaliger Lehrer, an den Tag gelegt hatte.

Wir gingen weiter zum Grab und warteten auf unser Zeichen. Als wir den Sarg hinabließen, hörte man immer noch das Schluchzen des Sohnes. Als wir uns anschließend vom Grab entfernten, hörte man aus den Reihen ein leises „Danke", das von dem Onkel kam, der vorher vergeblich auf den Sohn eingeredet hatte. Ich war mächtig stolz auf meinen Kollegen für so viel Mut und Courage.

In dem Zusammenhang fällt mir ein, dass mir ein Journalist, mit dem ich mal ein Interview führen durfte, die Geschichte von der Beerdigung von Lee Harvey Oswald, dem Attentäter des US-amerikanischen Präsidenten John F. Kennedy, erzählt hat. Der Leichnam von Oswald wurde am 24. November mitten in der Nacht abgeholt, und für den nächsten Tag war ein Gottesdienst geplant, an dem Oswalds Mutter, die Witwe, sein Bruder und zwei Kinder teilnehmen sollten. Aber es gab einige Probleme.

Das erste Problem war, jemanden zu finden, der den Gottesdienst leitete. Niemand, nicht einmal die Geistlichen, konnten ihren Zorn lange genug beiseitelegen, um auch nur ein paar Abschiedsworte über einen Mann zu sagen, der ein ganzes Land in Trauer gestürzt hatte. Zwei lutherische Geistliche stimmten zu, traten dann aber wieder zurück, als man ihnen mitteilte, dass der Gottesdienst im Freien stattfinden würde. Beide befürchteten, dass Scharfschützen den Gottesdienst stören könnten.

Ein weiteres Problem bestand darin, dass außer den Strafverfolgungsbehörden nur Oswalds Witwe und seine Mutter zur Beerdigung erschienen – es gab keine Freunde oder andere Familienmitglieder, die den Sarg hätten tragen können. Also wandte sich der Bestatter an die einzigen Menschen, die zahlreich erschienen waren: Pressevertreter. Aufgrund eines Hinweises hatten sich Dutzende von Reportern auf dem Gelände versammelt, um die Beerdigung des Kennedy-Mörders zu fotografieren und mitzuerleben.

Der Bestatter fragte Preston McGraw, einen lokalen Reporter, mit dem er schon früher zu tun hatte. McGraw erklärte sich bereit, den Sarg zu tragen. Michael Cochran, der Korrespondent der Associated Press in Fort Worth, sah, wie McGraw assistierte, und fühlte nun den Drang, nachdem er sich anfangs noch geweigert hatte zu helfen, sich ihm anzuschließen. Ein anderer Reporter, Jack Moseley, hielt sich ein paar Schritte am Griff des Sarges fest, bevor er wegging; er konnte es nicht ertragen, Oswald zu tragen, selbst wenn es zu dessen Grab war.

Schließlich waren mindestens sieben Reporter damit beschäftigt, ihn zu bewegen. Dann, als Oswalds Sarg am Grab stand, sprach Reverend Louis Saunders – geschäftsführender Sekretär des örtlichen Kirchenrats und der einzige Mann, der bereit war, dem Gottesdienst eine religiöse Ouvertüre zu verleihen – einige Worte.

„Frau Oswald erzählte mir, dass ihr Sohn Lee Harvey ein guter Junge war und dass sie ihn geliebt hat", sagte er. „Und heute, Herr, vertrauen wir seinen Geist deiner göttlichen Fürsorge an."

Das war alles.

Oswalds Sarg wurde ein letztes Mal geöffnet, damit die Familie ihm die letzte Ehre erweisen konnte. Anschließend wurde er ins Grab abgesenkt.

Es ist schwer zu vergeben, erst recht, wenn man persönlich betroffen ist. Aber ich glaube, dass dies am Ende den ersehnten Frieden geben kann, um mit einer Situation oder der Trauer umzugehen. Mir selbst fällt es schwer zu verzeihen, aber der Tod ist so endgültig. Und er nimmt uns mit einem Schlag die Zukunft mit diesem Menschen – jeden neuen gemeinsamen Augenblick, jede neue Berührung und jedes neue Gespräch. Auch die klärenden und heilenden Gespräche, die uns helfen, Vergangenes einzuordnen und zu verarbeiten. Und der Tod nimmt uns die Chance, die Dinge mit dem Menschen, der verstorben ist, zu verändern und besser zu machen.

Und sind wir doch mal ehrlich … Mit fast jedem Menschen verbindet uns auch Unausgesprochenes, oder? Die kleinen wie großen Missverständnisse und Verletzungen, die mit der Zeit Narben auf unserer Seele hinterlassen. Und plötzlich ist man allein mit seinen Gedanken und dem Gefühlsdurcheinander. Allein mit all den Erinnerungen, die mit einem Mal wieder hochkommen. Eingesperrt mit all dem, was man doch bisher so gut verdrängt hatte.

Die gute Nachricht ist: Es ist nie zu spät, den Kopf und das Herz aufzuräumen. Und es ist nie zu spät, um loszulassen.

Wir können die Dinge für uns selbst sortieren. Und wir können auch jemandem verzeihen, der nicht mehr körperlich anwesend ist. Jeder Mensch hat immer Gründe, warum er sich so verhält, *wie* er sich verhält. Und jeder bringt auch immer seine ganz persönliche Geschichte mit. – Diese Gedanken machen es mir leichter. Und ich kann versuchen, aus dem Vergangenen zu lernen und alte Verhaltensmuster zu hinterfragen. Und ich kann mich endgültig von ihnen verabschieden.

Ja, der Tod birgt auch die Chance für einen Neuanfang. Für einen neuen Anfang mit sich selbst und mit all den Menschen, die wir in Zukunft begleiten dürfen.

30.
Welches Eis isst Du?

Wir Sargträger kamen gemeinsam von einer anderen Beerdigung auf dem Friedhof an, wo wir nun eingeteilt waren. Es war einer der ersten schönen Frühlingstage des Jahres. Als wir den Friedhof betraten, wunderten wir uns über die vielen uniformierten Polizisten unter den zahlreichen Trauergästen. Auch Feuerwehrleute in Uniform waren zu sehen. Was mir und den anderen sofort auffiel, war, dass die Leute alle relativ jung waren, die meisten so um die dreißig. Komischerweise hat man sofort ein flaues Gefühl im Bauch, wenn es sich um eine Trauergesellschaft in diesem Alter handelt.

Aus der Ferne sahen wir die Bestatterin mit einem Mitarbeiter, wie sie sich um die eintreffenden Trauergäste kümmerten und die letzten Vorbereitungen trafen. Vor der Trauerhalle waren Lautsprecher aufgebaut, da die Trauergemeinde so groß war, dass nicht alle einen Platz in der Kapelle fanden und sie so wenigstens die Abschiedszeremonie hören konnten.

Je weiter wir auf den Friedhof kamen, desto mehr spürten wir eine unglaublich schwere Atmosphäre. Die Stimmung war gedrückt und jeder schien von Trauer erfüllt zu sein. Die vielen Polizisten und Feuerwehrleute ließen darauf schließen, dass es sich um eine Kollegin oder einen Kollegen aus ihren Reihen handeln musste. Wir sprachen kurz mit der Bestatterin und diese teilte uns mit, dass eine junge Frau Anfang dreißig nach kurzer, schwerer Krankheit an ihrem Krebsleiden gestorben sei. Ihren Mann, der bei der Polizei arbeitet, habe sie mit zwei Kindern als Witwer zurückgelassen. Dass er Polizist ist, erklärte uns auch die große Zahl der uniformierten Kollegen, die ihrem Arbeitskollegen beistehen wollten. Er selbst sei verständlicherweise mit der Situation überfordert und wüsste auch noch gar nicht, wie es mit ihm und den beiden Kindern weitergehen sollte. Er habe wohl sehr große Zukunftssorgen, ließ uns die Bestatterin wissen. Für uns klang das alles sehr traurig und unser Bauchgefühl hatte recht behalten.

Die Trauerhalle war bis auf den letzten Platz gefüllt. Die Menschen standen dicht gedrängt in Grüppchen zusammen und flüsterten leise. Es war bewegend zu sehen, wie viele Menschen gekommen waren, um der Verstorbenen die letzte Ehre zu erweisen. Die Zeremonie wurde von der besten Freundin geleitet, und auch der Witwer fand unglaublich schöne Worte für seine verstorbene Frau.

Während der Zeremonie wurden Lieder von Beyoncé gespielt, die die Lieblingssängerin der Verstorbenen war. Die Musik erfüllte den Raum und verstärkte die emotionale Atmosphäre. Die Trauergemeinde sang leise die bekannten Songs mit und man spürte die tiefe Verbundenheit mit der Verstorbenen.

Dann bekamen wir wie üblich das Signal, den Sarg aus der Trauerhalle zu holen. Nachdem wir ihn auf den Katafalk gestellt hatten, ging es mit dem Trauerzug zum Grab. Es sollte ein relativ kurzer Weg werden, da der Friedhof nicht sehr groß war. Unterwegs lief dann ein kleines Mädchen die ganze Zeit um uns herum. Und plötzlich fragte sie mich: „Welches Eis isst du gerne?"

Zuerst antwortete ich ihr nicht, da ich dachte, es sei besser, nicht darauf zu reagieren.

Dann fragte sie meinen Kollegen neben mir: „Welches Eis isst du gerne?" Auch er schwieg.

Und dann der nächste Kollege … und der nächste …

Reihum fragte sie uns, aber alle meine Kollegen hüllten sich in Schweigen. Das kleine Mädchen fragte wieder und wieder, welches Eis wir am liebsten essen. Als immer noch niemand antwortete, sagte sie zu mir: „Weißt du, meine Mama, die jetzt da in dem Sarg liegt, isst am liebsten immer Zitroneneis."

In diesem Moment musste ich wirklich mit den Tränen kämpfen und ärgerte mich über mich selbst, dass ich ihr keine Antwort gegeben hatte.

„Erdbeere", flüsterte ich ihr zu. Dann lächelte sie.

„Vanille", „Schokolade", „Waldmeister", „Banane", „Stracciatella", hörte ich auf einmal meine Kollegen flüstern. Sie hatten natürlich alles mitbekommen und man sah ihnen an, wie sehr auch ihnen die Situation nahegeing. Die Kleine lächelte uns alle glücklich an und lief zu ihrem Papa.

Es war so kindlich schön und einfach rein von der Kleinen, dass sie den Tod ihrer Mutter noch gar nicht richtig wahrgenommen hatte. Dass sie einerseits von ihr sprach, als würde sie gleich wiederkommen, andererseits aber auch wusste, dass ihre Mama in dem Sarg lag und gleich beerdigt würde.

Das hat mir wieder einmal vor Augen geführt, wie kostbar das Leben ist und wie schnell es vorbei sein kann. Es hat mir aber auch gezeigt, wie wichtig es ist, sich in schweren Zeiten gegenseitig zu unterstützen und füreinander da zu sein. Der Mann, der nun als Witwer zurückbleibt, wird es sicherlich schwer haben, aber ich hoffe, dass er vielleicht auch durch seine Arbeitskollegen die Kraft findet, den Alltag zu bewältigen, seinen Kindern Halt zu geben und gemeinsam mit ihnen einen Weg in die Zukunft zu finden.

Schlusswort

Bei all diesen unterschiedlichen Beerdigungen, den Zeremonien und unterschiedlichen Arten des Trauerns konnte ich beobachten, wie viel Liebe unter den Menschen herrscht. Die einen feiern lauter und theatralischer, die anderen eher traditioneller und in sich gekehrt, doch am Ende sieht und spürt man bei allen die Liebe. Auch spürt man den Schmerz, der durch den Verlust des geliebten Menschen ausgelöst wurde. Und ihre Sehnsucht, dass es am Ende für den Verstorbenen weitergeht, sei es in einem anderen Leben oder an einem anderen besseren Ort.

Man stelle sich die Beerdigung eines Kindes vor: ein kleiner Kindersarg, die Eltern stützen sich vor Trauer gegenseitig und die Tränen laufen ihnen über ihre Gesichter. Daneben stehen die Großeltern, ihre Gesichter eingefallen und vom Leben gezeichnet. Man kann den Schmerz und die Trauer, die alle dort empfinden, nur erahnen, gepaart mit der Hoffnung, dass man sich eines Tages wiedersehen wird. Dann spricht der Großvater ein paar Worte und ein Gebet als letzten Gruß an seinen verstorbenen Enkel. Ist es dann nicht egal, ob das Gebet ein Vaterunser, ein muslimisches oder hebräisches Gebet ist?

Vielleicht gibt es keinen besseren Ort, um zu lernen, wie gleich wir alle sind. Es gibt in diesem Moment keinen Unterschied zwischen Nation, Hautfarbe oder Herkunft. Denn am Ende fühlen wir als Menschen alle den gleichen Schmerz über den Verlust und die gleiche Trauer über den Tod eines geliebten Menschen. Im Laufe der Trauer gehen wir vielleicht aus spirituellen Gründen anders damit um, aber der Schmerz des Verlustes ist am Anfang der gleiche.

Ich kann keine Patentrezepte dafür geben, wie man ein erfülltes Leben führt, denn jeder muss für sich selbst herausfinden, was seine Erfüllung ist. Ich weiß nur für mich, dass ich mir das Leben nicht durch Hass und Vorurteile schwer machen will. Ich möchte neugierig sein auf das Leben und die Menschen.

„Jeder Mensch bekommt zu seiner Geburt die Welt geschenkt. Die ganze Welt. Und die meisten von uns haben aber noch nicht einmal das Geschenkband berührt, geschweige denn hineingeschaut."

Leo Buscaglia (1924–1998), Autor und Professor für Pädagogik

Wie der Volksmund sagt: „Jeder ist seines Glückes Schmied." Ich versuche jeden Tag, mein Glück zu schmieden und mein Leben anzunehmen, auch mit den Problemen des Alltags. Das Leben annehmen und versuchen, das Beste daraus zu machen, bedeutet, aus jedem Tag den besten zu machen.

Jedes Mal, wenn wir morgens aufwachen, bekommen wir ein kleines neues Leben geschenkt und können jeden Tag neu entscheiden, wie dieser Tag verlaufen soll. Ich möchte nicht irgendwann als verbitterter alter Mann auf der Couch sitzen und mir sagen: „Ach, hätte ich mal." Deshalb bin ich aus Bottrop weggegangen und bin Schauspieler geworden. Der Lebensweg, den ich für mich gewählt habe, war auch nicht immer leicht und erfolgreich, aber das muss das Leben auch nicht sein. Liebe, was du tust, und tue, was du liebst – das klingt so einfach, aber es kann auch unglaublich schwer sein, am Ende lohnt es sich jedoch, für ein erfülltes Leben zu kämpfen.

„Gib jedem Tag die Chance, der beste deines Lebens zu werden.“

Mark Twain (1835–1910), amerikanischer Schriftsteller

Ich habe Glück und bin unglaublich dankbar, dass ich Menschen um mich habe, die mir meine Fehler verzeihen und mir auch in schwierigen Zeiten Kraft schenken. Gleichzeitig versuche ich, genau dieser Partner und Freund zu sein, und ich hoffe, es gelingt mir.

Bei den Beerdigungen erkennt man den Reichtum eines Verstorbenen nicht an der Größe des Grabes, des Grabsteines oder des Sarges, man erkennt ihn an den Menschen und wie sie über den Verstorbenen reden. Am Ende haben wir nur dieses eine Leben, und wir sollten das Beste daraus machen. Das Leben ist schön!

Was ich noch sagen möchte …

Die Erlebnisse, über die ich in diesem Buch schreibe, sind natürlich kuriose und bewegende Höhepunkte aus meiner fast zehnjährigen Tätigkeit als Sargträger. In den meisten Fällen verläuft der Dienst für uns relativ strukturiert und normal. Natürlich wird auch gelacht und geplaudert, wie an jedem anderen Arbeitsplatz auch. Nein, ich glaube das ist falsch, da muss ich mich korrigieren. Denn wenn ich den Worten meiner wirklich sehr geschätzten Kollegen glauben darf, dann sagen sie: So viel gelacht wie bei dieser Tätigkeit haben sie noch bei keiner anderen Arbeit. Ob es der Yogalehrer ist, der durch die Pandemie zum Sargtragen gekommen ist, da er keine Kurse mehr anbieten konnte. Oder ob es die älteren Kollegen sind, vom Lehrer bis zum Arbeiter, die sowohl aus sozialen wie aus finanziellen Gründen als Rentner der Tätigkeit nachgehen. Alle diese Menschen, mit denen ich arbeiten durfte und darf, sagen, dass sie bei keiner anderen Arbeit so viel gelacht hätten. Natürlich nicht bei der Beerdigung, sondern davor und danach.

Vielleicht bringt es die Arbeit mit dem Tod mit sich, dass man einander verstehen muss und einfach auch miteinander lacht. Als Sargträger, aber auch später als jemand, der die Dienstpläne für insgesamt 42 Friedhöfe schrieb und in leitender Funktion tätig war, erlebte ich bei meinen Kollegen meistens eine positive Grundeinstellung. Sie sind sich ihrer Verantwortung am Tag der Beerdigung bewusst und geben ihr Bestes.

Vielleicht kann ich mit diesem Buch auch zu guter Letzt mit einem alten Klischee aufräumen und den Ruf der Sargträger in ein besseres Licht rücken. Wir sind nicht die buckeligen Gehilfen von Dr. Frankenstein, und wir hängen auch an keinem Glockenseil und rufen: „Die Glocke, die Glocke, ich kann sie nicht mehr hören!" Wir sind auch keine einfältigen Menschen, die beruflich nichts anderes finden oder die eine Faszination für Tote verspüren. Wir sind auch nicht des Lebens überdrüssig …

Im Gegenteil: Nur mit einer positiven Lebenseinstellung gelingt es, stets mit der Vergänglichkeit des Lebens konfrontiert zu werden. Eine gesunde Einstellung zum Leben und zum Tod ist also gewissermaßen eine der Grundvoraussetzungen für einen Sargträger, um dieser würdevollen und ernsthaften Tätigkeit gerecht zu werden.

Ich bin dankbar für eine Tätigkeit, die mich als Mensch hat wachsen lassen, und dankbar für einen anderen Blick auf den Tod, der ein wesentlicher Teil unseres Lebens ist.

Was Sargträger für eine Beerdigung wissen sollten

Sargträger haben eine große Verantwortung. Sie tragen wesentlich dazu bei, dass eine Beerdigung pietätvoll und reibungslos abläuft. Schließlich geben Sargträger dem Leichnam das letzte Geleit. Im Anschluss an die Trauerfeier kümmern sie sich um den Weg von der Trauerhalle oder Kapelle zum Grab. Dabei sind sie als Personen im Trauerzug sogar näher an der Seite des Verstorbenen als die nächsten Angehörigen.

Natürlich sollte man als Träger ein paar Voraussetzungen mitbringen. Neben einer gewissen körperlichen Verfassung, die es einem ermöglicht, einen Sarg mitsamt dem Leichnam anzuheben, sollte man auch Wind und Wetter nicht scheuen, schließlich finden Beerdigungen zu jeder Jahreszeit statt.

Wer einen Sarg zum Grab tragen möchte, sollte einige Dinge beachten. Um verständlich zu machen, welcher Verhaltenskodex für Sargträger bei Beerdigungen besteht und an welche Sicherheitsvorkehrungen beim Ablassen des Sarges zu denken sind, habe ich folgenden Sargträger-Knigge mit Hinweisen und Verhaltensregeln zusammengestellt.

Verhaltenskodex bei Beerdigungen

1. Kleidung

Man sollte eine schwarze Hose (Jeans- oder Stoffhose), ein weißes Hemd, eine schwarze Krawatte, saubere schwarze Schuhe, schwarze Socken sowie die schwarze Jacke und den schwarzen Hut, den man zuvor erhalten hat, tragen.

2. Äußeres Erscheinungsbild

Die Kleidung sollte im besten Fall sauber sein. Das Hemd sollte in der Hose stecken, die Krawatte ordentlich gebunden sein und die oben genannte Kleidung an der richtigen Körperstelle sitzen. Längere Haare sollten, wenn möglich, zu einem Zopf zusammengebunden sein und auf zu starke Schminke sollte verzichtet werden.

3. Pünktlichkeit

Man sollte 15 Minuten vor Beerdigungsbeginn am Friedhof sein, um sich den Weg zur Grabstätte anzuschauen (Wo stellen wir den Wagen ab?), die Gegebenheiten in der Kapelle/Trauerhalle anzusehen (Ist das Band an der Urne geknotet? Welche Dinge müssen weggeräumt werden? …) und letzte Absprachen mit dem Bestatter zu treffen.

4. Pietätvolles Verhalten

Während der Trauerfeier und der Zeremonie verhalten wir uns dem Anlass entsprechend zurückhaltend.

5. Sarg aus der Kapelle holen

Wir stellen uns wie folgt auf:

1. Kopfträger
2. Mitte
3. Fußträger

Wir betreten die Kapelle/Trauerhalle ohne Hut, sprich mit dem Hut in der Hand.

Zusammen gehen wir in oben genannter Reihenfolge bis zur ersten Bank in der Kapelle. Dort überreichen die Kopfträger der Mitte ihren Hut, um die Hände frei zu haben. Die Kopfleute (und nur die Kopfleute!) räumen Kränze, Kerzen, Bilder etc. weg. Mitte- und Fußträger warten im Gang. Nachdem der Weg frei ist und alles weggeräumt wurde, gehen die Kopfträger wieder zur Mitte und bekommen von dort ihren Hut zurück. Der Hut wird immer noch nicht aufgesetzt! Nun gehen wir gemeinsam zum Sarg, stellen uns dort wie gewohnt auf und verbeugen uns gemeinsam. Wir achten bitte aufeinander! Wir sind nicht auf der Flucht und haben Zeit. Je ruhiger und synchroner wir uns verbeugen, umso besser sieht es aus.

Jetzt tragen wir zusammen den Sarg raus und stellen ihn auf den Wagen. Auch dabei gilt, wir achten aufeinander und sprechen gegebenenfalls leise die Dinge ab.

6. Der Weg zum Grab

Wir achten darauf, dass wir nicht zu schnell laufen und die Trauergesellschaft abhängen. Zur Not müssen kleinere Pausen eingelegt werden und das Tempo muss dem der Trauergesellschaft angepasst werden.

- Wir ziehen oder schieben den Wagen gemeinschaftlich, umso einfacher ist es für alle.

- Entweder haben alle die Hände an den Griffen am Wagen oder alle die Hände an den Griffen des Sarges, es sieht einfach besser aus. Hierbei gilt auch: Wir achten aufeinander und versuchen, so synchron wie möglich zu sein.
- An der Grabstätte stellen wir den Wagen an der abgesprochenen Stelle ab und ziehen die Bremse an.
- An einigen Grabstätten gibt es Besonderheiten, die vorher gemeinsam abgesprochen werden. (Hört auf die alten Hasen in der Truppe, die haben einfach die meiste Erfahrung.)

7. Sarg auf die Grabstätte stellen

Nachdem der Wagen nun steht, wird der Sarg vom Wagen gehoben und auch hierbei gilt: Wir verständigen uns untereinander durch Blicke und heben dann den Sarg zusammen vom Wagen.

Wenn man gleichzeitig den Sarg anhebt, ist es für alle leichter oder zumindest gleich schwer.

Auch beim Transport des Sarges auf die Grube gilt: Wir achten aufeinander, gerade wenn es enge Grabstellen sind und man über ein anderes Grab hinwegsteigen muss. Wir versuchen immer, so frontal wie möglich auf die Grabstelle zuzukommen und treten, wenn möglich, nur auf die Trittbretter, die am Grab verbaut sind.

Auch wenn der Sarg schwer ist, versuchen wir, den Arm beim Tragen auf die Hölzer über der Grube so lang wie möglich zu machen. Dadurch machen wir es dem Gegenüber leichter und ziehen ihn nicht aus Versehen in das Loch.

Bei allem gilt: Wir achten aufeinander, verständigen uns mit leisen Worten, werden nicht hektisch, setzen zur Not auf den Hölzern ab. Wir haben Zeit!

Je ruhiger es abläuft, umso souveräner wirkt es.

8. Sarg ablassen

Alles, was jetzt passiert, machen wir ganz in Ruhe ohne jegliche Hektik!

- Wir ziehen die Seile nie durch die Griffe! Nur auf ausdrücklichen, besonderen Wunsch und wenn es technisch nicht anders geht.
- Die Kopfträger und Fußträger nehmen das Seil, man spricht sich mit dem Gegenüber ab, ob jeder genug Seil hat. Man hebt noch nicht an!
- Nachdem jeder genug Seil hat und bereit ist, geben die Kopfträger das Zeichen an die Fußträger zum Anheben des Sargs.
- Wir verständigen uns untereinander! Kopfträger und Fußträger heben gemeinsam und gleichzeitig den Sarg an!
- Die Mitte beeilt sich nun und zieht die Hölzer raus. Es wird immer das Holz, das an der rechten Hand ist, gezogen. Ausnahmefälle werden vorher besprochen. Das Holz wird vorsichtig neben die Trittbretter gelegt.
- Dann nimmt sich die Mitte das Seil und der Sarg wird abgelassen. Hierbei gilt für die Mitte, beeilt euch und lasst die Kollegen nicht hängen.
- Der Sarg wird nun gleichmäßig abgelassen und dabei gilt auch, dass man, wenn nötig, leise miteinander spricht.
- Der Sarg soll im besten Fall waagerecht und gerade in der Grabstelle liegen.
- Die Seile werden nun langsam auf den Boden gelegt.

9. Abgang vom Grab

- Die Handschuhe kommen nie ins Grab! Außer es ist ausdrücklich erwünscht.

- Ein Handschuh wird ausgezogen, dann warten wir, bis alle ihren Handschuh ausgezogen haben. Danach setzen wir gemeinsam den Hut auf der Brust ab.
- Dann wird sich verbeugt! GEMEINSAM!
- Wir achten aufeinander und machen es alle zusammen, dann sieht es perfekt aus!
- Erst geht eine Seite mit Hut in der Hand/vor der Brust ab, dann die andere Seite mit Hut in der Hand/vor der Brust vom Grab weg. Nacheinander und in Ruhe! So sieht es besser aus und wir „knubbeln" uns nicht vor dem Grab.
- Wenn wir vom Grab weggegangen sind, kann der Hut wieder aufgesetzt werden.
- Dann bringen wir den Sargwagen zurück zu seinem Bestimmungsort. Dies geschieht leise, in Ruhe und pietätvoll, um die Beisetzung nicht zu stören.

10. Zusammenfassend

- Wir achten aufeinander.
- Wir sprechen (leise!) miteinander.
- Wir machen alles in Ruhe.
- Wir haben Zeit und sind nicht auf der Flucht.
- Wir versuchen, die Verbeugungen so synchron wie möglich zu machen.
- Wir verhalten uns pietätvoll im Kontakt mit der Trauergesellschaft.

Und zu guter Letzt …

Habt Spaß, der Tod ist schon ernst genug, und lacht zwischendurch miteinander.

Jetzt habt auch ihr das Rüstzeug, um als Sargträger in den Dienst der Gesellschaft zu treten.

Ein Wort des Dankes

Ich möchte mich abschließend bei all meinen Kollegen bedanken, mit denen ich im Laufe der Jahre den Beruf des Sargträges ausüben durfte und weiterhin darf. Jeder von euch ist auf seine Art und Weise einzigartig. Ich habe viel dabei von euch gelernt und bin für jede Begegnung dankbar. Wundert euch nicht, dass ich keine Namen genannt habe, aber das war Absicht. Ich danke euch allen für die zuverlässige und treue Zusammenarbeit und für eure Unterstützung auch in schwierigen Zeiten.

Dann möchte ich mich bedanken bei:

Heinz Mersch und Jörg Vavpotic, mit euch hat alles angefangen.

Marion Flossbach vom Trägerservice, du bist nicht nur meine Chefin geworden, sondern auch eine Vertraute.

Björn Zuber und Frank Harder von MIB-Funeral für die gute und freundschaftliche Zusammenarbeit.

Bei Moritz Führmann bedanke ich mich für unser Gespräch in Bratislava und den Kontakt zu Sebastian Dallkowski. Ohne das Interview für die FAZ hätte es das Buch wohl nie gegeben.

Bei Ralf Markmeier und Stefan Rüth vom Bonifatius Verlag. Danke für die Möglichkeit, dieses Buch schreiben zu dürfen. Ohne dich, Stefan, wäre ich nie auf die Idee gekommen, ein Buch zu schreiben, danke für deine Hilfe bei der Umsetzung und dein Vertrauen in mich, dass ich es schaffe. Danke auch an die vielen helfenden Hände im Hintergrund des Verlages, deren Namen ich leider nicht alle kenne, aber ohne euch gäbe es kein Buch.

Danke an meine Tochter Matilda und meine Mama für die Gespräche, eure Gedanken zum Tod und eure Liebe.

Danke an meine Frau und Partnerin in Crime Julia. Ohne deine Liebe, Zuversicht und Hilfe hätte ich den Glauben an das Buch und mich selbst verloren. Ich liebe dich!

Quellenangaben

1 Statistisches Bundesamt: Anzahl der Sterbefälle in Deutschland von Januar 2021 bis Dezember 2023, *https://de.statista.com/statistik/daten/studie/1118856/umfrage/monatliche-sterbefaelle-in-deutschland/*

2 Die Bibel nach der Übersetzung von Martin Luther, Prediger 3,1-2+4

3 Statistisches Bundesamt: Anzahl der Sterbefälle in Deutschland von Januar 2021 bis Dezember 2023, *https://de.statista.com/statistik/daten/studie/1118856/umfrage/monatliche-sterbefaelle-in-deutschland/* (Zahlen ohne Totgeborene, nachträglich beurkundete Kriegssterbefälle und gerichtliche Todeserklärungen)

4 Lutherbibel, revidiert 2017, Offenbarung 21,4, © 2016 Deutsche Bibelgesellschaft, Stuttgart.